A Cena Hospitalar

psicologia médica e psicanálise

A Cena Hospitalar

psicologia médica e psicanálise

Alfredo
Simonetti

c coleção
c clínica
p psicanalítica

Artesã

A cena hospitalar: psicologia médica e psicanálise

1ª edição. 3ª reimpressão - dezembro de 2022.

Em sua primeira edição este livro foi públicado
com o título *Psicologia hospitalar e psicanalise.*

DIRTEOR
Alcebino Santana

COORDENAÇÃO EDITORIAL
Michelle Guimarães El Aouar

CAPA
Karol Oliveira

DIAGRAMAÇÃO
Conrado Esteves

S598 Simonetti, Alfredo.

A cena hospitalar : psicologia médica e psicanálise / Alfredo Simonetti . – Belo Horizonte : Ed. Artesã, 2019. – (Clínica psicanalítica)

220 p. ; 21 cm.

ISBN: 978-85-7074-003-8

1. Psicanálise. 2. Psicologia clínica da saúde. 2. Hospitais. 3. Médico e paciente. I. Título.

CDU 159.964

Catalogação: Aline M. Sima CRB-6/2645

IMPRESSO NO BRASIL
Printed in Brazil

ARTESÃ EDITORA LTDA.
Site: www.artesaeditora.com.br
E-mail: contato@artesaeditora.com.br
Belo Horizonte/MG

Para meu pai, João Batista Simonetti,
pela coragem na hora de sua
travessia mais difícil.

3 A técnica psicanalítica

4 A clínica entre vários

Agradecimentos

Ao professor e psicanalista Wilson Klain e à professora e psicóloga hospitalar Maria Cecília Roth, pela leitura cuidadosa e pela crítica aos originais deste livro.

A Sidnei Casetto, pela ideia da escrita desta obra, e a Flávio Carvalho Ferraz, pela confiança do convite.

Aos psicólogos e psicanalistas que compartilharam comigo suas andanças pelos corredores hospitalares.

Aos pacientes, que me aceitaram na condição de acompanhante de sua travessia.

Prefácio

Alfredo faz um texto enganosamente “fácil”. Um tema sem dúvida complexo é posto em termos tais que o conhecedor nele se reencontra e traz, sem dúvida, ao iniciante benefícios na leitura. Permite, por outro lado, na clareza intencional do texto, que aquele que pretenda aprofundar-se por meio de sua leitura, nele encontre estímulo inspirador para sorver no estudo.

A filiação à corrente psicanalítica lacaniana é posta em termos claros. Isso não prejudica o equilíbrio do pensamento exposto. Não implica, nem exige adesão a um credo. Por outro lado, não existe afinal pensamento teórico que não se estruture partindo de algum modelo já antes conhecido.

> ...me lembrei da ideia lacaniana de que (o) analista é um administrador de angústia...

A ciência avança, degrau por degrau, sempre se apoiando em conhecimentos já previamente alcançados. Em ciência nada é criado do zero. Ao adotar-se uma fonte não se está desconsiderando outras; é assim que procede nosso autor. Reconhece haver “modelos” de saber histórica e funcionalmente úteis no empreendimento ousado de atender alguém adoecido. Alfredo, audaciosamente recorre a fontes de saber de distintas orientações como Osho:

> mestre indiano moderno que defendia a validade de outras formas de conhecimento, comentou que ao meio-dia, sob a clara luz do sol, o homem faz ciência, e que na escuridão da noite, quando quase não se enxergam as coisas, o homem faz filosofia, e que ao entardecer, sob o lusco-fusco do poente, o homem faz poesia. A medicina é idealmente uma prática científica do meio-dia, enquanto a psicanálise se aproxima muito de uma clínica poética do entardecer. Discutindo o tema da cientificidade da psicanálise, Chemama diz que: "[...] a linguagem psicanalítica não é apenas um utensílio, mas conserva seu valor metafórico, algumas vezes poético, mesmo que tente assumir uma dimensão científica".

O autor distingue a contribuição psicanalítica no campo do atendimento ao paciente hospitalar da contribuição do eixo central médico, mais propriamente biomédico:

- "CENA HOSPITALAR" aponta a riqueza das possibilidades criadas pela psicanálise aplicada ao atendimento mais plenamente humanizado, então sim, bio-psico-social.

> Se a psicanálise se organiza em torno da noção de inconsciente, a medicina, por sua vez, se organiza em torno da noção de doença.

O paradoxo constituído por não ser a psicanálise um método de tratamento, não visar a uma cura em sentido estrito, não deixa de conviver com o fato inegável de que, assistido pelo psicanalista, o paciente do consultório médico, ou mais especialmente o hospitalar, pode alcançar cura mais efetiva, mais radical, mais duradoura.

Alfredo expõe essa questão nos termos mais claros possíveis. Não há disputa, ele deixa isso evidente, entre o que pode fazer a medicina, tomada esta no sentido convencional, e a psicanálise, pensada esta no campo de aplicação.

Tanto uma como a outra dependem, para poderem operar, de que o sujeito esteja em busca de atendimento, e que o manifeste. É isto que significa constituir-se como paciente, é isto que incumbe o outro para que o atenda e que se veja investido do papel de médico, ou de analista. Mas, como Alfredo bem expõe, o foco do analista não reside necessariamente em doença.

> A doença é a circunstância que põe em evidência o sujeito, seu verdadeiro objeto de trabalho.
>
> ...
>
> A psicanálise trabalha mais com a noção de *pathos* do que com a noção de doença, e essa preferência traz maior amplitude, embora diminua a exatidão das formulações.
>
> ...
>
> ...dessas diferentes concepções sobre o patológico, queremos fazer uma distinção entre doença e adoecimento.

A intervenção do psicanalista, conforme descrita por Alfredo é voltada para a pessoa, aliás, nem só para a mente. Tem foco na pessoa integral, busca resgatar o que há de mais humano em sentido pleno. Desde os impulsos emanados do corpo vivo, este progressivamente mais impregnado de seu produto, um psiquismo que se foi constituindo na interação das relações com os demais, mãe, pai, e outros. Imerso na cultura, esse sujeito é posto em risco, quando o corpo adoece.

Novo paradoxo: evitar que sofra a expropriação deste corpo pois que o médico fica autorizado a assumir todos os cuidados voltados para o corpo; pode ocorrer de a medicina ir praticamente despindo este corpo de sua individualidade.

Nessa unicidade com a dimensão psicoemocional o corpo vai se impregnando ao decorrer do viver, marcando-o de modo indelével, a um só tempo dinâmica, mutável e definitivamente individual.

A psicanálise pode buscar restabelecer a saúde afetada pela doença, respeitando e restabelecendo esse psicossoma agredido e pode beneficiar a pessoa doente aliando-se à medicina. Agredido e ameaçado tanto por uma intervenção que possa atropelar a identidade da pessoa adoecida, ela é posta em risco, quer pela doença como por um enfoque estritamente biomédico.

Vale a pena encontrar nessa sintética obra novas fontes para repensar esta temática inesgotável. E lá encontramos até mesmo alertas, quanto a possibilidades inconvenientes (eventuais efeitos colaterais) da presença do analista na "CENA HOSPITALAR".

Diz ele: "Paradoxalmente, a presença da psicanálise no hospital poderia gerar uma desumanização ainda maior da medicina propriamente dita. Por um lado, a psicanálise pode levar a medicina a se interrogar sobre a questão da subjetividade do paciente, mas por outro corre o risco de fazer exatamente o contrário, pois, ao dispor de um especialista em subjetividade ao seu lado, o médico se autoriza a pensar menos ainda nisso, afinal, há quem cuide dessa questão".

Enfim, um pequeno livro, preciosa obra.

Dr. Rubens Hirsel Bergel

Psiquiatra psicanalista. Presidente do Comitê de Psicologia Médica da Associação Paulista de Medicina (APM-SP)

Introdução

Nem o sol nem a morte
podem ser olhados de frente.
JACQUES LACAN

O sujeito vem vindo pela vida e então, de repente, ou às vezes lentamente, se vê diante de uma realidade perigosa chamada doença. Quando esse encontro com a doença se dá dentro do universo da medicina, tutelado pelos seus agentes médicos e situado em suas instituições hospitalares, temos então o que chamamos de cena hospitalar. E, quando nessa cena se faz presente um personagem designado como psicanalista, temos então a psicanálise no hospital, que é o tema deste livro.

Uma clínica pela palavra, entre vários, em pé e olhando para o sujeito: assim é a clínica psicanalítica no hospital. A simples presença do psicanalista no hospital coloca em destaque a subjetividade, e isso não é sem consequências. Acontece que a luz que ilumina a cena hospitalar é a luz da racionalidade científica, com toda a potência de sua lógica baseada na clareza, no universal e no padrão. E a que vem o psicanalista? Vem a serviço da subjetividade, da singularidade, do desejo do sujeito com toda sua irracionalidade, obscuridade e equivocidade. Como introduzir, sustentar e operacionalizar a subjetividade em um cenário que a tem excluído sistematicamente? Esta é a pergunta a que o psicanalista busca responder todos os dias quando chega ao hospital para seu trabalho clínico.

Considerando que a tarefa da psicologia hospitalar é, como definimos em trabalho anterior (Simonetti, 2004), ajudar a pessoa a fazer a travessia do adoecimento, nos damos conta de que essa travessia pode ser feita de diferentes maneiras, almejando objetivos distintos, focalizando aspectos diversos e valendo-se de variados recursos teóricos e técnicos. Este livro apresenta a travessia do adoecimento a bordo da psicanálise.

A relação entre a psicologia hospitalar e a psicanálise é um tema polêmico, continuamente sujeito ao debate. Repete e reacende a discussão mais ampla sobre a relação entre a psicanálise e as psicoterapias em geral, bem como a articulação destas com a psiquiatria e a medicina. Fica evidente, a partir dessas definições iniciais, que neste livro consideramos a psicologia hospitalar o campo global do qual a psicanálise é uma parte – mas uma parte tão diferente em certos aspectos que acaba por constituir um campo à parte.

O sujeito não causa a doença, mas é ele quem a vive, e em alguns casos até a morte. É preciso dizer essa frase com toda clareza possível para desfazer, de saída, um equívoco muito frequente nos meios médicos e psicológicos, segundo o qual a psicanálise ou qualquer abordagem psíquica do adoecimento cuida das doenças de causas psíquicas, as chamadas doenças psicossomáticas. A psicanálise não é uma psicossomática. Ela cuida da dimensão subjetiva de toda e qualquer doença. Não é preciso que haja uma doença supostamente causada pelo psiquismo do paciente para que a psicanálise entre em campo. Ela se propõe a participar dos cuidados dispensados a toda e qualquer doença no hospital desde que haja um sujeito envolvido. E qual a doença em que não há um sujeito envolvido?

Este livro está dividido em quatro partes. O primeiro capítulo dedica-se a descrever a *cena hospitalar* naquilo que ela tem de mais importante, psicanaliticamente falando: a exclusão do sujeito. Mostramos, em linhas gerais, o jeito médico de olhar e tratar o adoecimento humano e em seguida, no segundo capítulo apresentamos a *outra cena*, a concepção psicanalítica sobre o adoecimento, apresentando a ética da psicanálise e os conceitos teóricos mais úteis no trabalho hospitalar. No terceiro capítulo, dedicado à *técnica psicanalítica*, procuramos mostrar como o psicanalista trabalha na prática, no dia a dia do hospital. No quatro e último capítulo, que aborda a *clínica entre vários*, fazemos algumas considerações sobre a maneira de inserção da psicanálise no hospital e as relações profissionais que o psicanalista estabelece, especialmente com os psicólogos e com os médicos.

Um psicanalista raramente começa seu trabalho fazendo intervenções. Ele primeiro se questiona sobre as possibilidades e adequações da psicanálise para dar conta do caso. Em seguida, procura entender teoricamente o que está acontecendo, ou seja, olha o caso através dos conceitos da teoria psicanalítica, e só então se permite fazer as intervenções técnicas características da psicanálise, restando, por último, e *a posteriori*, uma consideração sobre os efeitos de sua prática. Assim também procuramos fazer neste livro.

A parte dedicada à ética da psicanálise discute os aspectos que a psicanálise considera importante levar em conta na sua abordagem ao processo do adoecimento, ou seja, seus valores. Fundamentalmente, a psicanálise considera essenciais as noções de subjetividade, de inconsciente, de realidade psíquica, de um ser humano dividido e estruturado pela linguagem, da angústia como companheira inseparável do homem, do adoecimento como o encontro com o real, do desamparo como condição existencial, da posição do analista escapando ao lugar do sabe-tudo, e, em especial, de que não existe o jeito certo nem de adoecer nem de enfrentar a doença: cada um atravessa o adoecimento do seu jeito.

A teoria psicanalítica tem a função de produzir entendimento e explicação do que se chama adoecimento, reconhecendo de saída que tal explicação é fequentemente provisória e precária, podendo sempre ser refeita e jamais abarcando o todo da vivência que o humano experimenta, mas, mesmo assim, é valiosa e necessária, pois sem ela restaria apenas uma prática selvagem baseada em um "furor *sanandi*", na boa vontade de ajudar, que muitas vezes mais sufoca que liberta. Da rica floresta de conceitos psicanalíticos produzidos por Freud e seus principais seguidores, alguns se mostram mais pertinentes ao trabalho no hospital, outros nem tanto. Apresentamos neste livro os primeiros.

No hospital há psicanálise, mas não há análise. Ao se introduzir na cena hospitalar a psicanálise, precisou-se realizar uma considerável torção técnica. Sem dúvida, a maior diferença entre a psicanálise que se pratica nos consultórios e aquela que se faz nos hospitais é a técnica; os outros aspectos, como ética, estratégia e objetivos, estão mantidos, mas a técnica precisou ser alterada. Para começar, leito não é divã, embora ambos sirvam para se deitar. Além disso, a privacidade é artigo de luxo nos hospitais, e o tempo, então, nem se fala – ou se fala: é outro no hospital geral. Mas tem algo que não muda na técnica, a escuta e a associação livre, por isso, mesmo com todas as mudanças técnicas, é legitimo falar ainda em psicanálise, embora não haja análise no sentido de sessões tradicionais de 50 minutos e semanais. Nesse sentido, a técnica da psicanálise do hospital se estrutura em atendimento, e não em sessões. No hospital, a psicanálise é a clínica feita em pé, entre vários e pela palavra.

E sobre os efeitos da psicanálise no hospital geral o que se pode dizer? Fiéis ao espírito clínico de Freud (1925), que afirmava no estudo autobiográfico que "[...] qualquer um que deseje ganhar a vida com o tratamento de pacientes nervosos deve ser claramente capaz de fazer algo para ajudá-los" (p. 23), postulamos aqui que quem quiser trabalhar com a psicanálise no hospital deve ser claramente capaz de ajudar os pacientes a fazerem a sua travessia do adoecimento. O presente trabalho almeja ser parte desse esforço clínico. Pretende ser útil para aqueles psicanalistas que desejem desenvolver seu trabalho no contexto hospitalar e também para os outros clínicos, de qualquer profissão e orientação teórica (médicos, enfermeiras, fisioterapeutas, terapeutas ocupacionais, assistentes sociais, psicólogos, paramédicos etc.), que queiram se valer das ideias e técnicas da psicanálise para realizar seu trabalho na cena hospitalar. Este é um livro para quem trabalha no hospital, e provavelmente pode até ser útil para quem atende no consultório e no ambulatório, mas especificamente pretende ser útil para *aqueles que trabalham entre vários, em pé, olhando para o sujeito e pela palavra.*

Decorrem dessa visada clínica algumas perguntas: o que a psicanálise pode fazer pela pessoa adoentada? Como trabalha o psicanalista no hospital? No que difere a prática psicanalítica de outras práticas psíquicas realizadas no hospital? Quais os efeitos da intervenção psicanalítica no hospital? A primeira pergunta recobre o campo da ética, da estratégia e dos objetivos da psicanálise; a segunda abrange as questões da técnica psicanalítica; a terceira busca a especificidade da psicanálise naquilo que ela faz que as outras práticas não fazem; e a quarta enfrenta a questão dos resultados do trabalho psicanalítico. Este livro tem a intenção de somente oferecer uma espécie de comentário sobre essas questões, não respostas definitivas ou completas, mas apenas considerações, reflexões e relatos que sejam úteis para quem trabalha ou deseja trabalhar psicanaliticamente dentro do hospital geral. O título deste trabalho bem poderia ser "Ensaios de psicanálise no hospital geral", tomando-se a palavra ensaios em seus dois sentidos: de articulação teórica e de tentativas iniciais e preparatórias. Historicamente, o psicanalista é um personagem recente na cena hospitalar; faz apenas algumas décadas que nos aventuramos nos corredores dos hospitais e que produzimos textos sobre tal prática. De fato, ainda estamos inventando a psicanálise no hospital com tudo o que isso tem de vantajoso e problemático.

A psicologia entrou no hospital, no contexto brasileiro, lá pelos idos de 1950, quando a psicóloga Mathilde Neder passou a atender os pacientes do Instituto de Ortopedia do Hospital das Clínicas da Faculdade de Medicina da USP, em São Paulo. Esse trabalho histórico nada tinha a ver com a psicanálise; era fundamentado em uma abordagem psicológica. Embora este seja o evento geralmente mencionado como o início da psicologia hospitalar no Brasil, é preciso notar que ele é apenas isso, um evento pontual, histórico pela originalidade, mas que não gerou um movimento, uma cultura psicológica no hospital nem fomentou produção teórica nessa área. Isso é bastante compreensível quando nos damos conta, como nos lembra Angerami (1994), de que naquela época a própria psicologia anda não era uma profissão.

Foi preciso que se passassem 20 anos para que um novo evento se revestisse de importância suficiente para ser incluído nessa linha temporal da história da psicologia hospitalar no Brasil. Em 1974, a psicóloga Belkis Romano organizou um atendimento psicológico para os pacientes do Instituto do Coração, em São Paulo, com significativa repercussão nos meios médicos e psicológicos. Esse trabalho já tinha alguma relação com a psicanálise, pois Romano (2005) já discutia como fazer psicanálise no hospital geral apontando criticamente a transposição direta do modelo analítico ortodoxo.

O primeiro trabalho explicitamente concebido como psicanálise no hospital geral foi o de Marisa Decat Moura, no hospital Mater Dei de Belo Horizonte, em 1978. Além de atendimentos clínicos, o grupo liderado por Marisa também se propôs a ser um núcleo de reflexão e produção teórica ligado ao campo hospitalar, e assim foi, pois ao longo das décadas seguintes publicou com muito sucesso uma coleção de livros denominada "Psicanálise e Hospital" (Moura, 2000), além de organizar colóquios sobre o tema, inclusive com articulações internacionais.

Na década de 1990 foi publicado um livro com o sugestivo título *E a psicologia entrou no hospital* (Angerami, 1996) e, de lá para cá, a psicologia hospitalar só tem crescido, tanto em números de psicólogos e psicanalistas nos hospitais, como em termos de publicações e teses de mestrado e doutorado nas universidades. Angerami, autor do referido livro, se não foi o pioneiro, é sem dúvida o maior divulgador e promotor da psicologia hospitalar brasileira através da publicação de coletâneas e da organização de congressos e simpósios por todo o Brasil. Esse autor, publicando sobre psicologia hospital, chegou a ser o psicólogo brasileiro mais citado na Internet.

Também em meados da década de 1990, a psicanalista carioca Sonia Alberti inicia com o livro *A demanda do sujeito no hospital* a publicação de uma série de textos em que trata especificamente da psicanálise no hospital geral. Em 2005, ela publica, em parceria com Consuelo Almeida, um texto verdadeiramente histórico contando como se deu o início de uma experiência psicanalítica no hospital, intitulado "Relatos sobe o nascimento de uma prática: psicanálise em hospital geral" (Alberti & Almeida, 2005).

Nessa mesma época, início do século XXI, surge outro livro que se tornou um verdadeiro marco no campo da psicanálise praticada em hospitais: *O que pode um psicanalista no hospital?* (Moretto, 2001). A autora, a psicóloga e psicanalista Lívia Moretto, relata nesse livro – que já se tornou um verdadeiro clássico na literatura sobre psicologia e psicanálise no hospital – sua experiência na unidade de transplantes de fígado do Hospital da Clínicas, em São Paulo, além de discutir as bases teóricas de uma prática psicanalítica no hospital.

A psicanálise, consoante com seu objeto de trabalho, o sujeito do inconsciente, vale-se de uma epistemologia e de um método terapêutico por aproximação em que equívocos são, mais do que aceitáveis, utilizáveis e, no limite, até desejáveis. Freud não é dado a um papo "direto e reto". Raramente encontramos definições claras e inequívocas de seus conceitos, de maneira que quem deseja apreender um conceito psicanalítico qualquer precisa ler diversas passagens diferentes dos textos freudianos, cotejar inúmeros exemplos, esperando pacientemente que disso se cristalize a noção em estudo. Essa característica da epistemologia freudiana costuma provocar certa confusão, quando não irritação explícita, em alguns leitores, ou em todos os leitores nas primeiras incursões nos textos freudianos. Mas toda essa equivocidade não é um defeito, um acidente; ela é metódica, ou seja, foi aceita e escolhida como o melhor caminho para o saber sobre o sujeito e sobre o inconsciente. Quando se tenta buscar o conhecimento sobre a subjetividade humana com excessiva clareza, o resultado acaba sendo uma dogmatização e uma simplificação empobrecedoras.

Mas, se a psicanálise tem esse parentesco com a obscuridade e com a ambiguidade, tanto no objeto quanto no método, isso não pode servir de desculpa para formulações confusas e de pouco rigor conceitual. Nesse sentido, procuramos adotar a recomendação de Freud (1925) quanto ao conhecimento psicanalítico: "[...] se não podemos ver claro, ao menos vejamos claramente as obscuridades" (p. 125). Estabelecemos como meta neste livro apresentar, sempre que possível, conceitos positivos, ou seja, dizer o que é tal coisa evitando a saída fácil de muitos textos psicanalíticos que se especializam em mencionar o que não é a psicanálise, o que não é tal conceito, a que não se refere tal concepção. A psicanálise não precisa ser apresentada sempre no negativo, como "a psicanálise não faz assim". Cabe, também, dizer como a psicanálise faz, do contrário, ela seria apenas uma crítica da psicoterapia e da medicina, e certamente não é esse seu papel no hospital. Ela está aí para realizar algo, e é preciso então dizer claramente o que, ou pelo menos apontar uma direção quando a clareza de fato não puder ser alcançada.

No campo da psicologia e da psicanálise – na verdade, em todas as ciências –, as ideias podem ser avaliadas segundo duas qualidades: a intelectualidade, que é a sua capacidade de gerar conhecimentos, e a clinicalidade, que é a sua capacidade de gerar ações terapêuticas eficientes. Enquanto a primeira tem a ver com o mérito científico, a segunda tem a ver com o mérito terapêutico. Quando uma ideia ajuda a resolver um problema teórico, ampliando nossa concepção do fenômeno em estudo, dizemos que ela tem alta intelectualidade, e dizemos que ela tem alta clinicalidade se ajuda a resolver um problema de tratamento, se favorece em qualquer sentido a prática clínica. A clinicalidade é a dimensão instrumental de uma ideia, e a intelectualidade é sua dimensão teórica. A clínica e a teoria são como as duas asas de um pássaro: necessárias, ambas. A intelectualidade da psicanálise é alta, altíssima, na verdade, ora simples e elegante, ora complexa e contraditória, podendo mesmo ser confusa, mas sempre atraente e instigante. Há muito prazer em pensar psicanaliticamente, fato amplamente comprovado pela miríade de textos, teses, livros, artigos, cursos, seminários, colóquios e congressos psicanalíticos. Já a clinicalidade da psicanálise é frequentemente questionada, chegando mesmo a ser negada muitas vezes, e estamos nos referindo a uma avaliação dos próprios psicanalistas, não a uma avaliação externa, bastando lembrar, por exemplo, a preocupação freudiana quanto à aplicabilidade da psicanálise ao tratamento das psicoses. Esse questionamento tão presente, longe de ser a denúncia de seu ponto fraco, é, bem ao contrário, seu selo de garantia, seu controle de qualidade. O analista está sempre a se perguntar sobre as condições de possibilidade e sobre os efeitos de sua prática. Este livro foi escrito com a ambição de ter alguma intelectualidade aliada à alta clincalidade.

Neste livro, o material clínico é apresentado entremeado ao texto conceitual, na forma de relatos de casos clínicos, alguns longos, outros apenas fragmentos. Na maioria são a narrativa de um atendimento clínico, mas incluímos também alguns depoimentos de pacientes, ou de algum profissional envolvido no atendimento. Esses casos clínicos ora ilustram os conceitos discutidos, ora servem como a própria estruturação do conceito ou da questão teórica em foco. Permitimo-nos fazer pequenas alterações para preservar a identidade das pessoas envolvidas, mas a base de fatos clínicos foi cuidadosamente mantida. Alguns desses casos clínicos foram atendidos por mim, outros pelos alunos a quem dou supervisão clínica, e outros ainda foram apenas presenciados por mim em minhas andanças nas diversas cenas hospitalares de que participei nos últimos anos, seja como psicanalista, seja como médico psiquiatra. Para identificar esse material clínico, destacando-o das elaborações teóricas, usaremos o recurso do itálico.

A primeira vez que entrei em um hospital profissionalmente eu era ainda adolescente, trabalhava, obviamente, não como psicanalista, mas como funcionário da área administrativa. Eu era mensageiro em um grande hospital de São Paulo e meu trabalho consistia em acompanhar os pacientes da recepção até o quarto, levar papéis de um setor a outro do hospital. Eu andava pelo hospital inteiro – quartos, UTI, centro cirúrgico, lavanderias, refeitórios etc. Certo dia, na porta da UTI, encontrei um homem que chorava a notícia da morte de seu filho de 14 anos. Um amigo dele se aproximou e disse para ele se conformar, que foi assim que Deus quis. O homem ficou visivelmente alterado e aos gritos dizia então que Deus se danasse, se era isso que ele queria. Naquele momento me perguntei: o que poderia ser dito àquele pai? Passados quase 40 anos, frequentando hospitais nos mais variados papéis – médico, psicólogo, psicanalista, paciente, familiar –, ainda me faço a mesma pergunta sem encontrar uma resposta definitiva. Creio que essa pergunta orienta o trabalho do psicanalista no hospital: o que fazer diante de alguém angustiado na cena hospitalar?

Adotamos, neste livro, uma abordagem comparativa, procurando correlacionar a psicanálise com a medicina, a psicanálise com as outras formas de psicoterapia praticadas no hospital geral, e estas também são comparadas com a medicina. Dessa forma, quando for pertinente, traçaremos um paralelo entre essas abordagens em relação ao tópico em discussão. Essa opção pela comparação como método tem suas vantagens e seus problemas. É vantajosa porque, para comparar, é preciso primeiro clarificar bem o que é cada uma; é também necessária porque no hospital geral a psicanálise é praticada "entre vários" e, portanto, cabe considerar de que maneira se diferenciam ou se misturam esses vários. No entanto, teremos um problema se a comparação virar competição, pois, nesse caso, em vez termos uma forma de ampliar o conhecimento, estaremos no campo da disputa corporativista, da defesa ideológica, da "veia teórica" de cada um, o que leva a uma espécie de disputa apaixonada, mais afeita ao mundo do futebol, produzindo mais cegueira ideológica do que clareza científica. Isso precisa ser evitado, e pretendemos evitar isso neste livro: o leitor haverá de dizer se conseguimos.

A partir do que expusemos até aqui, podemos, ainda que de forma precária, definir a psicanálise no hospital como *entendimento e tratamento do sujeito em adoecimento na cena hospitalar*. Também nos consultórios de psicanálise cuida-se do sujeito em adoecimento, mas lá não há a cena hospitalar com suas demandas, limitações e complicações teórico-técnicas. A psicanálise no hospital é, no melhor sentido da expressão, uma psicanálise essencial, pois se despoja do que lhe é acessório, embora emblemático, ou seja, o enquadre, o *setting*, as imposturas imaginárias, as representações sociais, os títulos, ficando apenas com aquilo que lhe é fundamental, que é a ética do sujeito acoplada à técnica da escuta da associação livre a partir da posição do analista. Se "[...] o psicanalista deve acompanhar a subjetividade de sua época" (Lacan, 1953, p. 238), então pode também acompanhar a subjetividade na cena hospitalar.

O objetivo da clínica psicanalítica praticada no hospital é colocar a psicanálise a serviço de alguma coisa que seja humanamente útil nesse contexto. Segundo Costa (1991),

> [...] pensar naquilo que é humanamente útil significa dizer pensar naquilo que pode fazer com que a gente viva melhor e mais feliz. Se o objetivo da psicanálise não for o de ajudar as pessoas a lidar da melhor maneira possível com seu sofrimento, para que serviria a psicanálise? (p. 15).

Sendo assim, no hospital, local do encontro com um real insuportável, nossa função é ajudar o sujeito a fazer a travessia desse real.

1
A cena hospitalar

Já definimos a cena hospitalar como o encontro do sujeito com a doença no contexto da medicina. Agora vamos descrever essa cena e comentá-la a partir de uma óptica psicanalítica. De início, chama atenção a constatação de que a cena hospitalar se organiza de modo a excluir sistematicamente a subjetividade. Para o psicanalista, que pratica justamente a clínica da subjetividade, este é o aspecto médico mais relevante em sua jornada pelos campos da medicina.

A psicanálise não pretende corrigir ou substituir a medicina, pois, como afirma Clavreul (1983), todo aquele que comenta ou critica a medicina, sejam quais forem suas convicções pessoais, "[...] irá tomar remédio se tiver algum mal-estar" (p. 31), então o que se diz aqui sobre a medicina inscreve-se na tradição epistemológica do "comentário" que aponta pontos negativos, mas também os ganhos e as associações que um tema desperta, afastando-se da "crítica" que poderia sugerir competição ou tentativa de solução, dizendo então o que se deve colocar no lugar dessa medicina tão problemática. Não temos nem a pretensão nem o poder para tal tarefa.

Geralmente, quando uma pessoa adoece, a primeira coisa que ela faz é tentar resolver o problema por sua própria conta, e, se precisar, busca os recursos caseiros e comunitários, seja em conversas com os amigos, seja em consultas à fabulosa base de dados médicos disponibilizada pelas redes de computadores. Apenas quando tudo isso falha é que ela considera a possibilidade de procurar a medicina institucionalizada, seja marcando uma consulta com um médico, seja procurando diretamente um hospital. Esse passo de entrar no mundo médico costuma ser bastante caro, tanto em termos financeiros quanto em subjetividade. Enquanto o governo, o convênio ou o próprio bolso do paciente custeiam financeiramente o atendimento, a pessoa paga com sua subjetividade ao assumir o seu lugar de paciente na estrutura médica.

A medicina funciona a partir de uma superestrutura composta por três posições: o lugar do médico, o lugar do paciente e o lugar da doença. Esses lugares podem ser ocupados por uma pessoa, por um grupo de pessoas, por uma instituição e até por uma ideia, e quando articulados entre si e revestidos de conteúdos específicos formam o que se costuma chamar de "medicina moderna", "modelo médico" ou, ainda, "ordem médica", nas palavras de Clavreul (1983), psicanalista francês que dedicou um longo estudo ao tema.

A medicina se caracteriza por um saber racional e científico sobre as doenças e seus tratamentos, e quem ocupa o lugar do médico costuma incorporar o discurso do mestre ou do universitário. De forma complementar, espera-se que quem ocupa o lugar do paciente coloque-se na posição de objeto do saber do médico, assumindo um discurso histérico[1] que nada sabendo de si e de sua doença supõe no outro a sua salvação. A posição da doença costuma ser preenchida por uma entidade concebida pela ciência como uma coisa, com existência concreta e externa ao indivíduo, como um inimigo invasor com o qual a pessoa adoentada nada tem a ver, a não ser constituir-se no terreno em que ela prolifera. A subjetividade não ocupa nenhum lugar nessa organização estrutural, aliás, ela, quando insiste em aparecer, é vista como um empecilho, como algo que atrapalha, algo que nubla a clareza científica e que precisa ser encapsulada para que a ordem médica possa funcionar em sua plenitude. Sobre essa maneira tripartite de pensar a medicina, podemos lembrar que Michael Balint (2005) a captou muito bem, como demonstra o título de seu livro mais importante *O médico, seu paciente e a doença*.

O discurso médico

O médico está interessado em salvar vidas, mas pouco quer saber do que essa vida significa para quem a vive. É como se não pudesse fazer as duas coisas, como se ao se interessar pelos significados existenciais perdesse em eficácia clínica. A razão de a medicina não valorizar a subjetividade não é por considerá-la desimportante para o ser humano, e sim por considerá-la de pouco valor científico – aliás, desnecessária desse ponto vista. É possível ser científico e alcançar bons resultados práticos sem levar em conta a subjetividade.

1 Ver item "Os quatro discursos" no Capítulo 2.

Tomemos uma situação clínica para entender melhor essa questão. Vamos imaginar que um paciente chegue ao pronto-socorro queixando-se de uma dor no peito, com irradiação para o braço esquerdo, dificuldade para respirar, e que tudo começou após uma discussão familiar, havendo também um histórico de tratamento cardiológico anterior. A partir desse ponto o médico já ouviu o suficiente para fazer sua hipótese diagnóstica: infarto agudo do miocárdio ou problema gástrico, ou um quadro conversivo, e não interessa, para o diagnóstico, se a dor começou após uma briga com a filha devido ao uso de droga, ou após uma briga com a esposa por questões de ciúme, ou se o paciente estava com medo de ser demitido e discutiu com a esposa sobre os gastos da casa. O médico até pode ouvir o paciente falar sobre essas coisas, mas fará isso mais por educação do que por interesse clínico, pois não mudam em nada suas hipóteses e sua conduta: solicitar exames e colocar o paciente em monitoração cardíaca.

Ao recusar qualquer outro discurso diferente do seu e, consequentemente, o do próprio paciente, a medicina, por meio de seu agente médico, acaba não prestando atenção em vários elementos apresentados pelo paciente. É próprio da visada totalitária do discurso médico nada querer nem poder saber do que não lhe pertence. Para melhor contextualizar a questão vamos anotar que o discurso psicanalítico também é assim, desprezando o que não pertence ao seu campo de escuta.

Anita veio ao ambulatório de dermatologia para tratar de furúnculos que aparecem com frequência em suas pernas. Depois de ser atendida várias vezes no pronto-socorro por causa de furúnculos inflamados, foi encaminhada para seguimento no ambulatório. Lá fez o tratamento com antibióticos e, como não apresentava melhora, foi encaminhada para uma entrevista com um profissional do serviço de psicologia. Logo na primeira conversa a paciente fez uma associação que a psicanalista considerou bem interessante: Anita comentou, a título de brincadeira, que sua enteada tinha muitas espinhas, e que esse poderia ser um ponto em comum entre elas; quem sabe a era a ligação de sangue que não existe de fato, já que a menina é filha do primeiro casamento de seu marido. Depois Anita fez um comentário: disse que a bactéria responsável pelo seu furúnculo é uma bactéria anaeróbica. A psicanalista não prestou muita atenção ao fato de a bactéria que causava os furúnculos de Anita ser ou não anaeróbica, pois ela não tinha muito o que fazer com aquela informação. Na verdade, não tinha nada o que fazer, pois a informação não tinha lugar na formalização teórica psicanalítica do caso de Anita.

Aquilo que não é importante não é visto; é assim tanto na medicina como na psicanálise. Mas não é porque não se encaixa no esquema conceitual de quem atende que o elemento se dissolve. Ele continua mais ou menos insistente conforme o caso. Clavreul (1983) chama de "não fatos" uma série de elementos, de informações que o paciente insiste em apresentar junto com seus sintomas:

> [...] sofrimentos diversos não justificáveis medicamente, distúrbios funcionais, modificações de humor, do sono e da vida sexual, e sobretudo a angústia, formam o fundo de um tipo de reivindicação permanente e tagarela, que é acolhido por uma maior ou menor boa vontade por parte do médico, que permanece inteiramente desarmado tanto para dar uma interpretação cientificamente aceitável como para tratá-los, uma vez que os diversos medicamentos que podem utilizar não têm maior especificidade que a antiga teriaga (p. 84).

Clareveul (1983) argumenta, ao longo de seu livro *A ordem médica*, que o afastamento da subjetividade da cena hospitalar não é acidental, não é uma ignorância, não é um desconhe-cimento do tipo não preciso saber, e também não se deve à personalidade do médico, ele é expressamente requerido pelo método científico, ou seja, ele é estrutural, e por isso mesmo não se resolve com conselhos moralistas do tipo "seja humano", endereçados aos membros da equipe.

Por ser científica, ou melhor, *para* ser científica, a medicina adota o método científico que, por sua vez, exige de seus praticantes a máxima objetividade possível, oferecendo em troca a eficácia e um conhecimento supostamente o mais próximo da verdade que a humanidade já teria alcançado. Considerando esse jeito médico de agir, excluindo sistematicamente tudo o que é subjetivo, podemos perguntar: Por que o médico se comporta assim? Será que ele é um ser humano frio e distante? Certamente não, mas a questão não é tão simples assim. Quem tem relações de amizade ou familiar com algum médico sabe que eles são, em geral, seres humanos normais, dotados de sensibilidade, subjetividade e emoções. Eles agem assim porque o lugar que ocupam, de agentes do discurso científico, exige essa isenção como forma de maximizar sua eficácia. Se uma objetividade mínima não pode ser mantida, é recomendável que o médico se isente de conduzir o tratamento. É por isso, entre outras razões, que um médico não deve tratar seus parentes próximos. Na medicina baseada em evidências os médicos não agem em nome próprio; são agentes, funcionários, executantes mais humildes ou mais gloriosos do discurso médico.

Seria a subjetividade apenas desnecessária, ou seria ela também temida e evitada? Será que os médicos a evitam por medo da angústia? Se adotarmos essa abordagem, seria interessante que fôssemos capazes de identificar de que modo particular os médicos se defendem da angústia, e também se tipicamente eles fogem da angústia mais do que outros profissionais, ou com consequências mais complicadas. O "não quero saber disso" em relação à angústia é uma vontade compartilhada por todos os humanos num primeiro momento, e tem suas vantagens, pois, nos termos de Clavreul (1983):

> No que concerne ao afastamento da subjetividade, não se poderia superestimar o benefício que encontram – cada um para si – o médico e o doente no trabalho científico que constitui o discurso médico. Tudo aí se encontra colocado para que cada um esteja desengajado. O médico que está aí apenas como representante de valores científicos e o doente, para quem se acha demonstrado que seu sofrimento se reduz apenas a dor, um signo como qualquer outro signo faz assim a economia da confissão de outra vertente de seu sofrimento, isto é, sua angústia (p. 204).

Essa dificuldade de subjetivação na cena hospitalar reverbera tanto na medicina como na psicanálise. Em relação ao psicanalista, trataremos da questão mais adiante ao discutirmos a ética da psicanálise. Aqui vamos analisar a questão do ponto de vista do médico: o que faz o médico com a subjetividade? Se por alguma razão, pessoal ou profissional, o médico resolver não mais ignorar a subjetividade, o que pode fazer com ela? Passá-la diretamente ao psicanalista tem sido a opção mais frequente, afinal, este é o especialista em subjetividade.

Na enfermaria 315 vemos o dr. Felipe, residente em cirurgia, esmerar-se em retirar os pontos da sutura no abdômen da dona

Geralda. Ele trabalha com muito cuidado e carinho para evitar que a paciente sofra e sinta mais dor do que o seu câncer de estômago já tem lhe imposto nos últimos meses. Foi uma longa jornada desde as primeiras dores, o emagrecimento, o cansaço, a angústia da família em busca de uma consulta médica, até este momento em que o tumor foi finalmente extirpado. Dona Geralda queria contar ao dr. Felipe que agora sim achava que iria ficar boa, iria voltar para usa casa, que sua filha precisava muito dela porque a família... Mas o dr. Felipe precisava ainda ver muitos outros pacientes e gentilmente pediu para dona Geralda: "A senhora pode esperar um pouquinho? Logo eu tiro os pontos e aí eu chamo a psicóloga para conversar com a senhora. Eu até já encontrei com ela ali no corredor, ela está só esperando eu terminar".

Com especialistas em subjetividade por perto, os médicos podem se autorizar, cada vez mais, e sem constrangimento, a cuidar apenas da parte que eles acham que lhes cabe: o corpo. Nesse sentido, a presença do psicanalista no hospital, ao contrário do que poderia pretender, estaria contribuindo não para a humanização da medicina, e sim para uma sutil reafirmação da exclusão da subjetividade do campo médico. Paradoxalmente, poderia até falar em um efeito desumanizador da presença do psicanalista na cena hospitalar.

Mas se o médico, em vez de recorrer ao psicanalista, resolver lidar ele próprio com a subjetividade, como poderá fazê-lo? Que instrumentos tem para isso? O que lhe ensinou a faculdade de medicina a esse respeito? Praticamente nada. Se alguém argumentar que existe uma disciplina chamada psicologia médica em todas as faculdades de medicina, precisamos mencionar a maneira como a maioria dos estudantes de medicina lida com ela: da mesma maneira que os estudantes de psicologia lidam com a disciplina de estatística, ou seja, se puderem, pedem para alguém assinar a lista e escapam da sala na primeira oportunidade; declaram que a matéria é importante, mas vão deixar para se dedicar a ela quando for preciso. Se a subjetividade não faz parte do método científico, também não faz parte da pedagogia que se pratica nas faculdades de medicina. Talvez as coisas venham a mudar com o tempo, ou talvez já existam exemplos pontuais de valorização da subjetividade nas escolas médicas, mas no geral aí começa a exclusão da subjetividade do campo médico, pela exclusão da subjetividade do estudante de medicina.

Karla é estudante do 3º ano de medicina. Ainda não está no internato, a parte mais prática do curso, que acontece no próprio hospital, mas mesmo assim, sempre que consegue uma brecha nas rotinas das aulas teóricas, vai até a enfermaria acompanhar a visita dos preceptores com os internos e residentes. Naquele dia, o preceptor estava discutindo o caso de um paciente de 70 anos com sérios problemas pulmonares e cardíacos, cujo prognóstico era bastante reservado. Karla ficou comovida com o paciente que, de alguma forma, lhe lembrava seu avô, comoção que não passou despercebida ao preceptor, que disparou: "Algum problema, doutora?". "Não, professor, tudo certo", ao que ele respondeu: "Ah, bom, porque se a senhora deseja mesmo ser médica vai ter que aguentar, ou então é melhor ir fazer filosofia".

Aos médicos é ensinado desde os tempos de estudante o que fazer com a subjetividade: engoli-la em nome de manter sua objetividade. E, depois que essa pessoa se forma e começa a atender pacientes, espera-se que ela seja humana, que acolha a subjetividade dos pacientes. Como dar o que não recebeu? Como lidar com a subjetividade do outro quem não lidou com a sua?

A psicanálise, ao contrário, reconhece bem o valor do "cuidar de si" como caminho para cuidar do outro, na medida em que faz da análise pessoal prerrequisito para a formação do analista. Os médicos que valorizam a subjetividade aprenderam a fazer isso em casa, ou na sua vida pessoal, pois na universidade o treinamento é bem outro. Apenas a título de contraposição, note-se o que acontece na faculdade de psicologia. Se uma aluna que começou a atender seu primeiro paciente se comove com o caso, receberá do supervisor uma acolhida protetora e até será incentivada a falar disso no seu grupo de supervisão, ou então a levar para sua terapia pessoal. Há até um nome técnico para seus sentimentos: contratransferência. A subjetividade do estudante de psicologia é valorizada, merece ser ouvida e analisada. Na medicina, a subjetividade do estudante é simplesmente negada. O discurso médico prima por excluir a subjetividade, tanto daquele que o enuncia como daquele que o escuta. Desse jeito, o médico só se autoriza por não ser ele próprio, por ser ele próprio o menos possível. A medicina procura se resguardar da subjetividade do médico com receio de que esta lhe comprometa o raciocínio. Claude Bernard, um dos criadores da medicina moderna, adotava o ideal epistemológico de Bacon, por sua vez, um dos pilares do pensamento científico, assim formulado: "[...] nunca ter os olhos umedecidos pelas paixões humanas, pois as lágrimas turvam a visão e o olhar é órgão dos sentidos que permite ao médico assegurar o valor científico e objetivo de seu trabalho" (Bacon *apud* Clavreul, 1983, p. 188).

Como a medicina, a psicanálise também cuida para que a subjetividade do analista não se projete no paciente, mas escolhe um caminho bem diferente da exclusão praticada pela medicina. Ela mergulha nessa subjetividade, envolve-se com ela, procura conhecê-la a fundo, analisá-la o máximo possível, tanto na análise pessoal quanto na supervisão. O analista tenta ser, o menos possível, um sujeito, pois na análise só deve existir um sujeito, o paciente. Espera-se que o analista, por ter se submetido à sua análise, tenha condições de colocar entre parêntesis, pelo menos enquanto durar o encontro com o paciente, suas fantasias e desejos para que se destaquem as fantasias e os desejos do paciente. Enquanto a psicanálise atravessa a subjetividade, a medicina a evita, fazendo de conta que ela não existe; se na psicanálise existe apenas um sujeito, na medicina não existe sujeito algum. Para os médicos, o melhor enunciado científico é feito de forma impessoal em uma espécie de oração sem sujeito. Como se percebe na leitura de qualquer trabalho científico da atualidade, existe o sujeito gramatical (o paciente, o pesquisador, o clínico, o estudo etc.), mas não há o sujeito do desejo, das confusões emocionais e das irracionalidades.

Uma forma de valorizar e desenvolver a subjetividade dos médicos seria promover uma aproximação com a literatura e as artes em geral, mas o que assistimos atualmente é justamente um afastamento da medicina, não só do campo artístico, mas também daquelas disciplinas da área das humanidades. Essa noção intuitiva que associa as artes à compreensão da realidade humana foi experimentalmente testada e comprovada. Segundo uma pesquisa divulgada pela revista *Science* (New School..., 2014), ler ficção literária de qualidade e envolver-se com obras de arte aumenta a compreensão dos estados mentais do outro e das complexas relações sociais que caracterizam a sociedade humana, habilidade conhecida como ToM – Teoria da

Mente. Leituras de não ficção e ficção popular não tiveram o mesmo desempenho.

Na cantina na faculdade de medicina, um jovem professor de ginecologia oncológica saboreia um café enquanto lê, com evidente interesse, um pequeno volume de capa vermelha. Quando lhe pergunto o que está lendo ele faz cara de quem foi pego em flagrante e mostra rapidamente a capa do livro: "Aqua Tofana, *um romance. Eu deveria estar estudando, lendo alguma coisa de útil, não é mesmo? Mas estou aqui me divertindo com este livro de ficção". É assim, culpado, que esse médico se aproxima da subjetividade. Não consegue mais pensar como os médicos de algumas décadas atrás, que achavam que literatura, história e arte ajudariam no trabalho com pessoas; agora apenas a literatura técnica, baseada em estatísticas e evidências, é que conta.*

A bem da verdade, é bom que se mencione que já existem algumas iniciativas no sentido de cuidar da vida subjetiva do médico – são alguns programas no âmbito das associações de classe (CRM – Conselho Regional de Medicina, associação médica) – e algumas faculdades de medicina que mais denunciam a existência do problema do que sinalizam uma mudança de paradigma quanto à subjetividade do médico (Cremesp, 2014). A Faculdade de Medicina de Marília, no estado de São Paulo, criou o Núcleo de Atendimento Psicológico e Psiquiátrico ao Corpo Discente (Nuadi), que realiza orientação aos alunos e encaminhamento para psicoterapia. Segundo pesquisa realizada por esse núcleo (Guimarães, 2007), o nível de estresse entre os estudantes de medicina é maior do que aquele apresentado por alunos de outros cursos. Outro dado interessante dessa pesquisa é que as alunas apresentam mais estresse que os alunos. Aqui não podemos invocar a questão da dupla jornada feminina, profissional e doméstica, para explicar a maior prevalência do problema nas mulheres, pois estamos falando de estudantes que geralmente ainda não trabalham. O que explicaria o maior índice de estresse nas mulheres? Essa questão vai se tornar cada vez mais importante, pois estamos assistindo a dois fenômenos na medicina: juvenização e feminilização. Basta entrar em um grande hospital hoje em dia para notar a grande presença de médicos jovens e de médicas. Será que o fato de termos cada vez mais médicas na cena hospitalar vai influenciar a questão da subjetividade na medicina, já que as mulheres teriam, em tese, um lado mais maternal e seriam mais propensas a um acolhimento maior que os homens? Será preciso esperar um tempo para saber a resposta a essa pergunta.

Na Faculdade de Medicina da USP, em São Paulo, existe o Grapal (Grupo de Assistência Psicológica ao Aluno). Segundo Milan, coordenador desse grupo, "[...] o médico enfrenta estresse em três áreas: a profissional (atendimentos difíceis, necessidade de muitos conhecimentos, medo de errar e falta de perspectiva na carreira), a situacional (privação de sono, dramas familiares e amorosos) e pessoal (saúde)". Apesar de todos esses problemas, é característica a dificuldade do médico para pedir ajuda quando não está bem. Segundo estudo do Cremesp (2014), os médicos levam em média sete anos e meio para procurar ajuda, correndo o risco de a doença se agravar. Para facilitar o acesso do médico aos tratamentos, foi criado em São Paulo um núcleo de atendimento exclusivo para os médicos dependentes clínicos. O que essa dificuldade de procurar ajuda nos faz pensar? Dentre as várias possibilidades, podemos citar a dificuldade que o médico tem para deixar o lugar imaginário de mestre, de onipotente, para se colocar no lugar de paciente falível e humano. Nesse sentido, além de uma dificuldade metodológica para lidar com a sua subjetividade, teríamos também dificuldades de ordem psicológica e ideológica.

O poder da medicina

O discurso médico científico que organiza a cena hospitalar é da natureza hegemônica, totalitária, não é um entre vários outros, exige adesão ou exclusão, algo do tipo ame-o ou deixe-o. Para que a medicina funcione a contento, as pessoas têm de desempenhar o papel já estabelecido com características bem definidas e sem lugar para a singularidade, para a individualidade do sujeito. Como vimos, a estrutura da medicina é composta por três lugares: o do médico, o do paciente e o da doença. Considerando o lugar do médico e o lugar do paciente, fica estabelecido que o primeiro sabe e o segundo se submete, e se submete sem poder colocar em pauta sua intimidade, sua singularidade, apenas pode colocar em pauta sua intimidade física. Comentando os vários discursos presentes na cena hospitalar, Coutinho Jorge (1983) afirma que:

> [...] através das diversas etapas pelas quais se efetua o ato médico, ou seja, as etapas do diagnóstico, do prognóstico e da terapêutica, o que se configura é um discurso totalitário que exclui a diferença, único modo pelo qual a subjetividade poderia se manifestar (p. 18).

Quando essa organização é questionada pelo paciente que insiste, minimamente, em ser sujeito, em ser agente e saber algo de si e da doença, querendo ir andando quando a prescrição diz para ir de cadeira de rodas, recusando submeter-se a uma cirurgia que os trabalhos científicos apontam como o melhor tratamento para o seu caso e solicitando sua alta quando a equipe recomenda mais alguns dias de tratamento no hospital, aí a medicina se lembra da psicanálise e a solicita para que convença o doente a ocupar seu lugar de paciente e fazer, para o seu bem, é bom que se ressalte, tudo o que se espera dele. Se esta é ou não a função do psicanalista no hospital, a de auxiliar do médico, de ordenador da cena hospitalar para que a medicina funcione, é um tema aberto ao debate, mas que é isso o que os médicos esperam dos psicanalistas não restam dúvidas.

A ideologia da medicina científica domina não apenas a cena hospitalar, mas a própria cena social moderna, criando o ideal da vida saudável dirigida pela medicina e modelando o dia a dia das pessoas em termos de alimentação, higiene, atividades físicas, sexo, ritmo de trabalho, saúde, doença, prevenção e tratamento. A medicina é nossa companhia constante. Clavreul (1983) nos lembra que ela: "[...] está sempre presente em nossa vida, desde o nosso nascimento numa maternidade até nossa morte num hospital, desde os exames pré-natais até a verificação na autópsia" (p. 41).

A medicina científica tem na atualidade o poder que antigamente era conferido à religião, um poder baseado na autoridade, e não na técnica, como pode parecer, pois mais ainda que a eficácia da medicina é sua cientificidade que constitui a lei, e ninguém contesta que o saber médico, pelo menos em parte, seja verdadeiro e verificável. Quando uma pessoa adoecia, ela se perguntava: "Qual foi o pecado que eu cometi para Deus me castigar assim?". Hoje, quando se adoece, vem à mente alguma falta contra os bons princípios da saúde e do sanitarismo apregoados pela medicina científica: "Se estou doente é porque não cuidei bem da saúde, me alimentei mal, tive maus hábitos, comi demais, andei de menos, fumei e bebi demais, fiquei muito estressado". Se antes era um pecado contra a religião, hoje é um erro relacionado às normas da vida saudável. Do pecado ao erro passamos de um fundamentalismo religioso para um fundamentalismo científico, ambos carregados de culpa e medo.

Esse fundamentalismo científico vai muito além da questão da saúde. Hoje em dia o que mais garante a importância de alguma coisa é dizer que ela é "científica", como se fosse um selo de segurança, de autenticidade, e, por outro lado, a crítica mais contundente que se pode fazer a alguma ideia é acusá-la de não ser científica, invalidando prematuramente qualquer outra forma de conhecimento, como a religião, a intuição, a arte, a filosofia e a especulação. A própria psicanálise também tem de se haver com essa questão. Cada vez mais ouvimos o questionamento se psicanálise é ou não científica, deixando subentendido que a única forma genuína de se buscar o conhecimento seria a científica. Será?

Osho (1975), um mestre indiano moderno que defendia a validade de outras formas de conhecimento, comentou que ao meio-dia, sob a clara luz do sol, o homem faz ciência, e que na escuridão da noite, quando quase não se enxergam as coisas, o homem faz filosofia, e que ao entardecer, sob o lusco-fusco do poente, o homem faz poesia. A medicina é idealmente uma prática científica do meio-dia, enquanto a psicanálise se aproxima muito de uma clínica poética do entardecer. Discutindo o tema da cientificidade da psicanálise, Chemama (1993) diz que: "[...] a linguagem psicanalítica não é apenas um utensílio, mas conserva seu valor metafórico, algumas vezes poético, mesmo que tente assumir uma dimensão científica" (p. 244). O saber científico e o saber filosófico operam por meio de ideais: o primeiro, um ideal de clareza, o segundo, um ideal de universalização, e tanto em um quanto em outro, o que desaparece é o desejo do sujeito com toda a perturbadora força de sua singularidade. A psicanálise, ao se constituir em uma clínica do singular – aliás, isso é um pleonasmo, pois não existe clínica do universal, mas apenas ciência do universal –, foge dos ideais tanto quanto seja possível, valorizando a individualidade.

Voltando à questão do poder da medicina, percebemos que a forma como esta modela o nosso dia a dia, embora tenha uma justificativa técnica, acaba assumindo um caráter quase jurídico. O título do livro de Clavreul, *A ordem médica*, já é uma evidência dessa dimensão ideológica da medicina, que se manifesta por um enunciado dogmático, como bem exemplifica Coutinho Jorge (1983):

> [...] coma isto, não beba aquilo, não fume, faça exercícios... até a sexualidade sofre os efeitos desta ordenação implícita na prescrição, manter relações sexuais periodicamente ajuda a manter a saúde... o que tem por efeito transformar a vida amorosa do sujeito num dever conjugal, o que é exatamente a forma como a ideologia dominante encara a sexualidade por onde se depreende o conchavo do discurso médico com o discurso dominante, um utilizando o outro para impor seus limites, suas leis e suas ideias (p. 14).

O discurso médico é tão poderoso e tão abrangente que fica difícil sair de sua área de influência. De fato, a cena hospitalar é tão grande e parece tão natural que buscar um lugar fora dela costuma provocar espanto e acusações de loucura ou de tentativa de suicídio, como no caso do antropólogo brasileiro Darcy Ribeiro, que fugiu do hospital para ir se tratar com os índios. É loucura uma atitude dessa ou será que existe vida e saúde fora do discurso médico?

Elisete achava que sim, seu pai pensava que não, e assim o conflito se fez. Ela estava com 30 anos e grávida novamente. A sua primeira gestação, há um ano e meio, terminara de uma maneira desastrosa. Quando entrou em trabalho de parto prematuro no final do sétimo mês, foi levada às pressas para a maternidade mais próxima, e não àquela que havia visitado e se programado para ter seu filho de parto natural; não queria saber de cesariana de jeito nenhum. Sem sua médica por perto, ela aceitou o atendimento do plantonista do hospital que, ao que consta no seu prontuário médico, não foi cuidadoso o suficiente, e, com o pretexto de aguardar a médica de Elisete, acabou deixando que a situação se complicasse com sofrimento fetal e nascimento do bebê praticamente morto por meio de uma cesariana feita às pressas. Recuperado nos instantes seguintes pela equipe de neonatologia do hospital, o bebê sobreviveu ao parto e foi encaminhado à UTI neonatal. Daí para a frente foi um longo e turbulento período de cirurgias no bebê para tentar salvar sua vida. Foram quarenta dias de internação e seis cirurgias, mas infelizmente ele não resistiu.

Elisete ficou muito abalada. Mas era uma mulher valente e seguiu em frente. Seis meses depois, inesperadamente, estava grávida de novo, o que deixou a família toda feliz, mas muito preocupada, até porque, segundo a médica, o nascimento prematuro do primeiro bebê era consequência de uma incontinência cervicouterina, ou seja, o colo do útero de Elisete era complacente e se abria antes da hora. Portanto, esta era uma gravidez de alto risco, que pedia repouso absoluto nos últimos meses. Foram cinco meses literalmente na cama, até para fazer xixi e tomar banho. Elisete não reclamava; seu desejo de ser mãe era enorme, e seu marido e sua mãe se desdobravam em cuidados. Elisete era professora de história e adepta de uma vida mais natural, chegando mesmo a cogitar a possibilidade de ir viver em uma comunidade de agricultura alternativa. Em relação à gravidez, queria ter o seu filho da maneira mais natural possível, por isso contratou uma doula, que é uma assistente de parto sem formação médica. Não é a mesma coisa que uma parteira, pois cabe à doula proporcionar, antes, durante e depois do parto, informação, acolhimento, apoio físico e emocional à gestante. Como a sua médica disse que não trabalhava "dessa maneira", Elisete trocou de médica para uma profissional mais afinada com suas ideias. A nova médica disse que tudo bem, a doula poderia entrar na sala de parto, mas que isso em nada mudaria sua conduta: se fosse preciso, ela faria, sim, uma cesariana. O pai de Elisete, um engenheiro elétrico, homem bastante racional e prático, achava aquilo tudo simplesmente uma loucura, e que, depois do acontecido no primeiro parto, ela deveria se preocupar mais com a segurança do bebê e dela mesma e deixar essas ideias naturalistas para lá; e ele fazia questão de deixar isso claro para sua filha, o que acabava gerando algumas discussões.

No dia do parto, as coisas se complicaram. Logo que as primeiras contrações começaram, o pai queria que o marido levasse Elisete para a maternidade, mas Elisete e a doula achavam que não era preciso; ela queria ficar em casa o máximo possível, indo para o hospital apenas na última hora. Com medo de que a situação se repetisse, o pai forçou a barra a ponto de Elisete dizer que a vida e a casa eram dela e mandou o pai ir embora. No fim das contas, deu tudo certo: ela foi para a maternidade na última hora e o bebê nasceu bem, do jeito que ela queria, dentro de uma banheira com água morna, em uma sala de parto especial, mantida por uma grande maternidade paulistana.

Se Darcy Ribeiro resolveu *mudar de cena*, preferindo a cena indígena à cena hospitalar, Elisete resolveu *mudar a cena*, decidindo ficar na cena hospitalar o mínimo possível, é certo, e introduzir aí sua singularidade, sua subjetividade, a um custo muito alto, que talvez apenas ela saiba quanto, pois, além de enfrentar o descrédito dos médicos, de quem não podia abrir mão totalmente, precisou suportar também a pressão familiar, e quem sabe sua própria insegurança nos prováveis momentos de dúvida. Mas ela foi em frente e sustentou de forma admirável o seu desejo.

É notável a reação médica a essa tentativa de questionar o discurso do mestre e do universitário. A primeira médica simplesmente se recusou a participar da cena conforme proposta pela paciente – a única maneira aceitável para ela tratar a gestação de Elisete era a preconizada pela medicina científica. A segunda médica aceitou a presença da *doula*, mas deixou claro que isso era uma concessão, e não uma mudança de discurso, pois continuou sabendo o que deveria ser feito, e que o faria se achasse necessário. É como se ela desse uma piscadela condescendente, dizendo: "Deixa, pode deixar, se as coisas se complicarem, a medicina assume". Bem, alguém poderia criticar ou recusar essa forma, digamos *parcial*, de inclusão de outro modo de saber que não o discurso científico e autoritário? Sim, Darcy fez isso, e algumas mulheres que optam pelo parto em casa parecem seguir na direção de uma recusa total da medicina. Mas não é fácil fazer isso. A história de Elisete demonstra que onde se enxerga uma recusa total pode-se encontrar, quando se olha com mais cuidado, apenas uma forma parcial. Em suas várias discussões com o pai sobre a questão dos riscos envolvidos em ser cuidada por uma *doula*, ela acabava argumentando que a *doula* contratada era, antes, uma enfermeira obstetriz que tinha feito curso na universidade e tinha muita prática, ou seja, fazia uma referência última ao discurso médico-científico como garantidor da segurança de sua escolha. Lá no fundo, colocamos a base segura do discurso científico mesmo quando aparentemente nos valemos de outras formas de tratamento, o que apenas demonstra a força e a abrangência desse discurso, como mencionamos anteriormente. Embora tenha assumido uma posição de saber, Elisete não pode, na situação-limite, lutar contra esse discurso do mestre. É natural, afinal, a ideologia médica não apenas domina nossas mentes, ela praticamente estrutura nossas mentes. De tão poderosa, a medicina até pode tolerar alguns descrentes, como Darcy, Elisete e outros, porque, no final, como diz Clavreul (1983), "[...] eles não deixarão de recorrer aos ritos de circunstância, e os ritos serão salvadores, e a cura do descrente será também a ruína de sua revolta" (p. 41).

Um trecho de livro de Clavreul (1983) sobre essa questão das possibilidades de recusa da ordem médica merece ser transcrito na íntegra devido à sua clareza e ao seu poder de síntese:

> [...] a ordem médica é mais poderosa que o mais poderoso ditador, e, às vezes, tão cruel. Não se pode resistir a ela, porque não se tem nenhuma razão a lhe opor... cada um de nós é seduzido, conquistado, menos por seus resultados terapêuticos que pela extensão e certeza do saber médico, e menos por estas que pela permanência de sua ordem no momento em que nosso próprio corpo nos abandona. Mas também a medicina nos reduz ao silêncio, nenhuma razão é objetável à razão médica, e o médico não recolhe de seu paciente senão o que pode ter lugar no discurso médico. Não se pode pretender salvar ao mesmo tempo o discurso médico e o discurso do paciente (p. 47).

Embora conste do código de ética médica que o médico deve oferecer ao paciente as várias opções de tratamento e adotar aquela que ele escolher, os profissionais de saúde têm muita dificuldade em lidar com o paciente que opta pelo "plano B", deixando a recomendação médica de lado. A leitura que o médico faz dessa situação é que o paciente não quer se curar, e sente vontade de se afastar do caso, e muitas vezes o faz, direta ou indiretamente. Parece que a única liberdade que é concedida ao paciente é a da alta a pedido, e não a da escolha do tratamento. Em medicina, paciente difícil é um termo que designa não o paciente grave, com uma doença difícil de curar, este é o caso interessante. O termo "paciente difícil" se refere àquele paciente que não aceita bem as regras do hospital, que não quer desempenhar seu papel de doente conforme se espera dele, com passividade, submissão e confiança na medicina e nos seus representantes médicos e enfermeiros. O paciente pode, é claro, trocar de médico, mas não trocará, com isso, o discurso que o dirige, que pode ser resumido mais ou menos nos seguintes termos de Clavreul (1983): "[...] o médico sabe melhor do que você o que convém para seu bem, sua liberdade consiste em escolher o seu senhor" (p. 31).

Além disso, do ponto de vista do ideário médico, quem recusa a medicina corre o risco de estar ficando louco ou cometendo suicídio. O paciente pode ir até certo ponto, além do qual entra em um campo minado pela morte, no caso da medicina, e pela loucura, no caso da psiquiatria. E nesses casos é muito comum o psicanalista ser chamado para confirmar tal avaliação e justificar as medidas coercitivas protetoras adequadas.

Certo dia apareceu no pronto-socorro um homem se queixando de um inchaço nos testículos. Ao ser examinado, notou-se que havia uma sutura cirúrgica na bolsa escrotal que de fato encontrava-se edemaciada, bastante inchada e com sinais de inflamação, mas não de infecção. Apesar da evidência de uma cirurgia recente, o homem negava ter estado em qualquer hospital nos últimos meses. Depois de alguma insistência dos médicos, ele decidiu contar sua história. Tinha 35 anos, era casado, com dois filhos, trabalhava em um escritório de contabilidade e se definia como evangélico, do ponto de vista religioso. Disse que sua vida era tranquila, tanto do ponto de vista profissional como familiar e matrimonial, a não ser por um aspecto: ele pensava muito em sexo. Sua vida sexual era satisfatória com sua esposa e ele era fiel a ela, mas não parava de pensar em sexo e isso o incomodava e lhe roubava muito tempo e energia. Pesquisando sobre o assunto, leu que a testosterona era responsável pelo desejo sexual e que era produzida nos testículos; então pensou que uma forma de resolver o problema seria a retirada dos testículos. A partir daí, começou a ler e estudar na Internet sobre a técnica cirúrgica mais adequada ao seu caso e, depois de alguns meses, comprou material cirúrgico e fez ele mesmo sua cirurgia de castração. Segundo o cirurgião que o atendeu no pronto-socorro, a técnica cirúrgica que usou foi adequada e o edema poderia ter acontecido mesmo se ele tivesse sido operado em um centro cirúrgico hospitalar; ele "foi um bom médico de si mesmo". A equipe do pronto-socorro ficou preocupada, achando que aquele homem poderia ser louco, então pediu uma avaliação da equipe de psicologia. O psicólogo foi chamado e após uma entrevista concluiu que não havia qualquer sinal de doença mental; ele era calmo, seu contato social era bastante adequado, parecia compreender bem o que tinha feito e não estava arrependido – queira apenas resolver o problema do inchaço. Disse que tinha conversado com sua esposa sobre tudo aquilo e que os dois estavam de acordo, e recusou qualquer ajuda de natureza psicológica; tudo o que ele queria era resolver o problema do inchaço. Depois dos procedimentos de drenagem do coágulo que havia se formado na bolsa escrotal, foi prescrita antibiotocoterapia preventiva e dada alguma orientação sobre os curativos a serem feitos. Finalmente ele foi, com muita, muita relutância, liberado do pronto-socorro. Se para a medicina era loucura ser médico de si mesmo, para a psicanálise era significativo o ato de autocastração, mas para o paciente não havia nenhuma questão. O que faria o leitor se estivesse no lugar do psicanalista chamado? Recomendaria a liberação do paciente?

A linguagem da medicina

A medicina impõe seu discurso e opera a dessubjetivação na cena hospitalar não apenas pelos atos, mas também pelo jeito de falar, pelas palavras, por sua linguagem. Valendo-se de um jargão que o paciente não domina efetivamente, embora conheça de ouvir falar pela ampla penetração do discurso médico nas mais diferentes mídias, a medicina mantém o saber restrito aos iniciados que dominam essa espécie de idioma. É bom que se diga, para evitar um maniqueísmo ingênuo, que esse é um procedimento adotado pelas mais diferentes disciplinas, incluindo-se aí a própria psicologia e, em especial, a psicanálise. Imagine o leitor que vá a uma festa e, por um acaso, acaba ficando em uma mesa com um grupo de economistas que conversam animadamente em seu "economês típico". Como será que vai se sentir? Provavelmente tão excluído quanto aquela sua prima que veio lhe visitar e você a levou para sair com seus amigos psicanalistas que também, não menos empolgados, comentam os últimos acontecimentos através do seu "lacanês". A linguagem, como sabemos, é poderosa, tanto aproxima quanto afasta. Lembremos apenas a título de ilustração histórica a polêmica, no seio do catolicismo, sobre o uso do latim nas missas, que apenas os iniciados entendiam, ou o uso da língua do povo, que toda a multidão de fiéis podia entender.

Mas voltemos ao vocabulário médico e vejamos de que maneira ele contribui, ou é utilizado, nessa tentativa de objetivação do processo do adoecimento. A linguagem médica é unívoca, enquanto a da psicanálise é equívoca. Uma linguagem é unívoca quando cada termo tem apenas um sentido. Assim, "febre" é temperatura corporal acima de 37°C, e "hemorragia" é extravasamento de sangue para fora dos vasos. Por outro lado, diz-se que uma linguagem é equívoca quando o mesmo termo pode assumir muitos sentidos, como acontece com o termo "pulsão", que se refere tanto a um estado físico quanto psíquico, ou, mais significativo ainda, como acontece com o termo "inconsciente", que tem múltiplos significados. Experimente o leitor, se trabalha em um hospital, explicar para seus colegas o que é o "inconsciente". Provavelmente se verá em sério apuro epistemológico, pois terá de explicar muitas vezes, e de muitas maneiras diferentes, e ainda assim terminará com a sensação de que não conseguiu transmitir claramente o que se entende por inconsciente.

A ciência, entre elas a medicina, busca ser o mais unívoca possível, o mais exata que conseguir, eliminando o duplo sentido. Já a psicanálise faz dos múltiplos sentidos o seu caminho de trabalho, não visa evitar o erro e o engano, chegando mesmo a tomá-los como objeto, como caminho epistemológico e clínico – vide a questão dos atos falhos. Nesse aspecto da linguagem temos uma antinomia entre medicina e psicanálise. A primeira uma ciência que deve ser construída sobre conceitos fundamentalmente claros e nitidamente definidos, e a segunda uma prática na qual, segundo Clavreul (1983), ideias claras e distintas não funcionam muito bem "[...] pois a polissemia é necessária para se explorar a dimensão inconsciente das palavras" (p. 110). A técnica psicanalítica trabalha desgastando a palavra de todos os seus sentidos, e não fixando um só e fazendo de conta que os outros não existem. É pelo exame dos múltiplos significados que um significante tem para um sujeito que se faz a análise. Convida-se o sujeito a falar e a falar, a dizer uma e muitas vezes – e a cada vez com um sentido diferente – o significante a que se sente preso, até que, em algum momento, ocorre uma diminuição da força significante. É por uma espécie de diluição, e não por uma espécie de resolução exata, que opera a psicanálise; o fim de uma análise não é encontrar o valor de x, que poderia ser muitos: o fim da análise se dá quando os pacientes não se perguntam mais sobre o valor de x. Não é pela resolução, mas pela dissolução que opera a psicanálise.

A medicina não funciona assim, seu ideal é o das ciências exatas: encontrar o valor de x. E para alcançar esse ideal o médico tem de traduzir o que o paciente diz ser sua queixa, em termos que podem ser encaixados e trabalhados pelo discurso médico. Para trabalhar matematicamente, é preciso transformar as coisas em números, nem que sejam letras que funcionam como números, como ocorre no cálculo algébrico. A álgebra médica reduz o sentido dos diferentes ditos do sujeito àquilo que é passível de ser inscrito no discurso médico. É assim que "uma coisa aqui no peito", uma agonia, uma angústia vira simplesmente dispneia. Isso tem suas vantagens, é evidente, mas leva ao estabelecimento de uma padronização, de uma igualdade, e como sabemos o sujeito tem tudo a ver é com a diferença, com a singularidade. Diferentemente do médico que traduz o dito do paciente, o psicanalista pontua esse dito devolvendo-o ao sujeito com essa nova sintaxe, considerando que isso haverá de gerar algum efeito no psiquismo deste último. A medicina fala em terceira pessoa, o dito vira informação, a psicanálise fala em primeira pessoa, se esforça ao máximo para manter o dito do paciente. Mas, se o psicanalista, encantado com a metapsicologia psicanalítica, traduzir o dito do paciente em termos técnicos da psicanálise, estará também, como o médico, apagando o sujeito em prol de sua formalização teórica. Para entender a força dessa linguagem unívoca da medicina sobre a mente do médico, basta o psicanalista se dar conta do feitiço exercido pela teorização psicanalítica em sua própria mente. Saber usar a teoria para ampliar a compreensão, evitando que ela não apague a singularidade do sujeito, é uma difícil tarefa para os clínicos, sejam eles médicos, sejam psicanalistas. A teoria é extremamente sedutora, um verdadeiro canto das sereias.

A questão do vocabulário médico inclui não apenas a clínica, mas também a forma como o conhecimento é transmitido em medicina. É notória a importância que os psicanalistas atribuem a esse tema, e não se cansam de debater sobre a questão do onde e como se transmite o saber em psicanálise. Já na medicina, essa é uma questão retórica. Ninguém fica debatendo sobre a linguagem médica – já está estabelecido que quanto mais clara e unívoca ela for melhor. Basta ler uma revista de medicina para ver como os artigos e a linguagem são padronizados. Clavreul (1983), comentando esta questão, ironiza:

> A biblioteca do médico não tem necessidade de ser abundante. É suficiente que se encontremos tratados, os compêndios, mais frequentemente os resumos e os manuais, e mesmo os

> folhetos de laboratórios farmacêuticos. Seria vão e injurioso deplorar isto. Um estilo conciso, sem vãs considerações, que se inscreve diretamente em uma prática, é o único que convém aos médicos. Nada os convence mais do que um enunciado preciso sobre uma doença, uma indicação terapêutica, ou um remédio novo (p. 41).

Por tratar a questão da linguagem com excessiva objetividade, a medicina esquece-se de que a palavra pertence a quem escuta, esquecimento este responsável por muita confusão na cena hospitalar. O médico conversa com o paciente, comunica-lhe um diagnóstico ou recomenda-lhe uma prescrição e sente que já fez o seu trabalho, pensando mais ou menos assim: "Eu já falei", esquecendo-se de considerar o que o paciente ouviu. Não é infrequente o paciente não fazer o que recomendou o médico, ou fazer parcialmente, e quando confrontado retrucar, honestamente, que não, não foi isso o que o médico lhe disse, que foi outra coisa. Outras vezes, o paciente reclama que o médico não o informou sobre isso ou aquilo, sendo que o médico de fato o fez. Essas situações têm a ver com a noção de que a palavra pertence a quem escuta. Uma pesquisa feita na sala de espera de consultórios médicos na Inglaterra perguntava aos pacientes que saíam da sala do médico o que este havia lhe recomendado. O resultado foi desconcertante. A maioria dos pacientes não lembrava com clareza o que o médico havia lhe dito minutos antes. É surpreendente constatar que o paciente não ouve o que o médico diz. Chega a ser paradoxal: o paciente quer muito saber o que o médico pensa, mas acaba escutando mesmo o que seu desejo, seu temor e suas esperanças determinam. O que um paciente ouve depende não apenas do que diz o médico, mas do que ele, paciente, está sentindo, pensando, temendo ou desejando durante a conversa, e essas coisas geralmente não entram no cálculo da comunicação médica. Acontece que existem muito mais coisas entre o emissor, a mensagem e o receptor do que supõe a objetividade médica – existe o sujeito.

O paciente

A medicina cuida do paciente, ninguém pode duvidar disso, mas, como uma mãe zelosa, às vezes superprotetora, pode acabar sufocando o filho com seu amor. De um ponto de vista psicanalítico, pode-se dizer que a medicina cuida do paciente, embora não cuide do sujeito. Não é verdade que o médico não ouve o paciente; ele ouve, mas daquilo que ouve presta atenção apenas na parte que contribui para o raciocínio científico. Escuta apenas aquilo que tem valor de informação, o mais ele deixa para lá. Havia, há algum tempo, na televisão brasileira um programa chamado *Qual é a música?*. Era uma competição na qual os participantes tinham que adivinhar uma música pelas notas tocadas por um maestro em um piano. Ganhava quem adivinhasse o nome da música com menos notas. Os mais habilidosos eram capazes de identificar a música às vezes com apenas uma nota tocada. Este é o ideal da medicina. Espera-se que os médicos sejam tão bem treinados, conheçam tão bem as doenças, que sejam capazes de dizer o que está acontecendo com o mínimo de informação possível. Os especialistas são capazes de fazer uma hipótese diagnóstica razoavelmente certeira com umas poucas palavras pronunciadas pelo paciente. Pronto. Daí para a frente não interessa mais o que o paciente tem a dizer sobre a sua doença, mas o paciente insiste, ele quer tocar a música toda, e o médico, do ponto de vista da medicina científica, não precisa mesmo da música toda, ele é bastante capaz de trabalhar com umas poucas notas, notas estas, diga-se de passagem, que não envolvem a singularidade do paciente, suas vivências internas nem sua história pessoal; referem-se a sinais e sintomas universais que estão presentes em todas as pessoas com aquela patologia. É assim que funciona a medicina, mas a psicanálise vem lembrar que a fala do paciente não é apenas informação para o médico, ela é também elaboração para o próprio paciente. Diante de um diagnóstico rápido, e geralmente acertado, o paciente sente-se inseguro, pois acredita que não passou todas as informações para o médico, e, além disso, não se sente acolhido, ficando mesmo ressentido por não ter sido escutado por alguém a quem atribui transferencialmente um saber sobre sua pessoa.

Quando consideramos os progressos tecnológicos da medicina atual, em especial a medicina por imagem, percebemos que as coisas tendem a ficar cada vez piores. Por enquanto, o paciente anda, fala, funciona como uma espécie de informante, mas daqui a alguns anos não mais será necessária sua palavra; esse papel do sujeito como informante se tornará obsoleto. A medicina busca marcadores biológicos que, independentemente do que diga um paciente, sejam capazes de fazer o diagnóstico, e as máquinas de ressonância magnética e de tomografia computadorizada dirão mais sobre o corpo do que as palavras. O sujeito não precisará dizer mais nada, nem mesmo a queixa, bastará apresentar passivamente seu corpo e aguardar o veredito do que vai mal em seu organismo. Que valor tem a longa e confusa descrição de um paciente sobre a sua sensação de queimação no estômago diante da imagem clara de uma endoscopia?

A medicina se constitui cada vez mais em uma clínica da imagem, e assim vai se distanciando da psicanálise e de todas as abordagens que funcionam baseadas na clínica da escuta. Dito assim, parece que a escuta vai ser desnecessária, mas isso é um engano, pois uma clínica não se faz apenas com diagnósticos. É preciso uma terapêutica, e a função terapêutica da palavra não é, e não há sinais de que venha a se tornar, desnecessária do ponto de vista do sujeito, embora, seja desnecessária do ponto de vista da medicina.

Era um atendimento domiciliar. Américo tanto insistiu que conseguiu ser transferido para sua casa em um esquema de home care, coisa que seu médico e sua família eram contra. Ele tinha quase 80 anos e sofria com um câncer de intestino descoberto há seis meses em um estágio relativamente avançado, que não permitia grandes intervenções terapêuticas e que praticamente não respondeu ao tratamento quimioterápico.

Naqueles dias em que Américo ainda estava no hospital ele sofria muito com os repetidos edemas pulmonares que precisavam ser drenados para que respirasse um pouco melhor. Uma vez ele foi transferido para a UTI devido a uma complicação pulmonar, mas insistiu tanto que não queria ficar mais ali, que fez a família, não apenas pedir a transferência para o quarto, como também prometer que mesmo se ele piorasse muito não seria mais internado na UTI. A família concordou e agora ele insistia, já que seu quadro era estável, em ir para casa com home care. *Lá estava seu escritório onde ele podia trabalhar, e quanta coisa havia para ele fazer. Américo era padre, o vigário da cidade, e fazia parte as suas atribuições organizar a festa anual da padroeira da cidade, um evento que ele cuidava, e fizera crescer, nos últimos 20 anos. O médico que cuidava dele era seu amigo pessoal e, embora relutante, aceitou a transferência para o domicílio. O psicanalista vinha realizando atendimento no hospital e passou a atendê-lo em casa. No hospital, as conversas giravam em torno dessa questão de ele poder controlar sua própria vida, seu próprio tratamento, e nas reuniões da equipe e da família o psicanalista sustentava que seria importante preservar essa sua autonomia. O psicanalista não dizia, mas pensava que aquele era seu trabalho: criar condições para a emergência do desejo do sujeito. Durante um dos atendimentos no domicílio o médico chegou para sua visita rotineira e Américo queixou-se de que não estava muito bem. "Você está se sentido mal?", perguntou dr. Tavares. "Não, não é mal-estar." "Então o que é?", insistiu o médico. "Dói em algum lugar, não consegue respirar?" "Não é isso, é... acho que é uma ausência de bem-estar", explicou Américo. O médico relaxou e comentou: "Ah, bem, isso é conversa de psicólogo". E, olhando para o psicólogo, disse: "Isto agora é com você. Se fosse mal-estar era com a medicina". E ele saberia muito bem o que fazer com aquela demanda, onde dói, como começa, o que piora, o que melhora etc. Mas "ausência de bem-estar" deixava-o desarmado – o que fazer com essa conversa? Ele não sabia, isso não era um sintoma listado nos protocolos que ele seguia para o tratamento de seus doentes, então o que não está nos protocolos médicos, mas insiste em se fazer presente na cena hospitalar, encaminha-se para o psicólogo. O discurso do paciente só é levado a sério quando se encaixa no discurso da medicina. A fala do sujeito é ouvida apenas para ser descartada imediatamente, donde se depreende a função silenciadora do discurso médico e seu posicionamento exatamente inverso ao da psicanálise, na qual a função eminentemente silenciosa do analista produz a proliferação da fala do sujeito. E o psicanalista logo se pôs a conversar com Américo. Não insistiu em querer saber o que quer dizer "ausência de bem-estar", deixou que ele falasse do que quisesse, e ele queria falar novamente das preocupações da festa, do seu medo de morrer antes do dia da festa. Depois de algum tempo Américo disse que já era hora de parar com a conversa, estava se sentido bem, mas um pouco cansado, queria dormir.*

A padronização

A padronização, ideal perseguido pela cena hospitalar moderna, com o intuito de aumentar eficácia e segurança dos procedimentos da medicina, produz também uma dessubjetivação. Todo hospital que se preza busca as chamadas Certificações de Qualidade (ONA, ISO). Essas certificações são protocolos minuciosos de funcionamento que garantem uma qualidade mínima aos serviços prestados pela instituição. Esses protocolos padronizam todas as ações, passo a passo, sem deixar lugar para a individualidade. O que acontece é que a singularidade, a individualidade e a subjetividade são desestruturantes, desarrumantes, e a cena hospitalar é construída buscando o máximo de arrumação possível. Se o paciente quiser passar pelo processo de adoecimento do seu jeito vai ter de brigar muito para isso, pois o hospital tende a determinar como o paciente deve viver e morrer em suas dependências. O trabalho do psicanalista no hospital tem muito, muito mesmo, a ver com essa questão, já que por definição visa o sujeito e a singularidade de seu desejo. O psicanalista se constitui em uma das poucas possibilidades que o paciente tem, na cena hospitalar, de se constituir como sujeito.

A vestimenta é um aspecto da vida hospitalar particularmente influenciada por essa padronização. O branco, símbolo da profissão médica, é onipresente. Já para vestir os pacientes cada hospital adota o seu padrão: avental, batas e lençóis de determinada cor, o que não pode é o paciente usar suas próprias roupas. Às vezes até gorros, meias e "paninhos particulares" podem ser questionados. Pequenos detalhes na vestimenta podem ser importantes para o paciente em sua tentativa de manter-se minimamente sujeito no meio desse adoecimento. Se não controla os procedimentos hospitalares, ao menos controla seu penteado, seus óculos, sua roupa, seus brincos etc. Sobre essa questão, Coutinho Jorge (1983) comenta que:

> [...] a exigência do uniforme, tanto para o médico quanto para o doente hospitalizado – do mesmo modo que no exército, no presídio e no convento – parece adquirir sua significação não apenas na necessidade de identificação imediata do sujeito ou das regras de higiene e de assepsia, mas também da uniformização (p. 13).

Cada vez mais os protocolos vão dominando a cena hospitalar. Protocolo é uma sequência de ações previstas e estabelecidas para se resolver um problema. Há protocolo para tudo no hospital: protocolo para a internação, protocolo da enfermagem para receber o paciente no quarto, protocolo de queda, protocolo de parada cardíaca, entre outros. Há protocolo para o que é útil e desejável – como, por exemplo, o protocolo para evitar a troca de pacientes através de uma sequência de conferências de nome, sobrenome, idade –, mas também há protocolos inúteis, que mais atrapalham do que ajudam. E, por incrível que pareça, existe até protocolo para o atendimento psicológico. O que temos aqui é o discurso médico engolindo o discurso psicológico, que no afã de ser legitimado no hospital deixa-se levar por essa maníaca necessidade de previsão, controle e padronização da medicina. Que a medicina valha-se dos protocolos até pode ser, afinal muitos benefícios para o paciente e para a ciência vêm daí, mas a psicologia o que consegue com isso? Nada, ao contrário, perde sua especificidade que é cuidar justamente do que é singular, particular, diferente, ou seja, do sujeito. Esse ponto marca uma radical diferença na cena hospitalar entre a psicologia hospitalar e a psicanálise. A psicologia costuma entrar sem muitas críticas nesse movimento de protocolos, enquanto os psicanalistas adotam uma postura mais crítica e resistem a isso – até porque no instante em que não resistem deixam a psicanálise de lado, pois, como definimos anteriormente, a psicanálise é uma clínica em pé, entre muitos, pela palavra e direcionada para o sujeito, e o sujeito some diante de qualquer padronização.

Muitas razões levam a essa assimilação da psicologia pela medicina, e uma delas é a questão da produção científica e da publicação dos trabalhos. O psicólogo não está no hospital apenas como clínico; está também como pesquisador, como aluno de mestrado, doutorado, e para que um trabalho seja publicado as revistas científicas exigem que tenha sido feito dentro dos preceitos da medicina baseada em evidência, ou seja, com protocolos e quantificação. Essa questão da publicação não é uma veleidade egoica nem é periférica, tem a ver também com o lado econômico, pois é pelo número de publicações que os profissionais, as equipes e os serviços conseguem financiamentos de suas atividades, e, embora pouco se fale dessa questão, a psicologia hospitalar e a psicanálise no hospital são também formas de ganhar a vida, de ganhar dinheiro.

Ao adoecer e procurar a medicina, a pessoa assume o papel de paciente, papel que já está minuciosamente escrito, com falas e ações muito bem estabelecidas, muito bem padronizadas, não admitindo variações individuais, não podendo ser modificado de acordo com a personalidade do paciente. Qualquer pessoa pode assumir esse papel, mas assumindo-o praticamente deixa de ser uma pessoa (ocorre uma despessoalização, na expressão de Angerami (1996), que fala que ao adoecer a pessoa deixa de ser sujeito das atenções e vira objeto das atenções).

Em um sábado pela manhã, a aula no curso de especialização em psicologia da saúde desenrola-se tranquilamente, até que na hora do intervalo uma das alunas, ao se levantar para ir à cantina, pisa de mau jeito e cai. Não se machuca e tenta se levantar imediatamente, mas logo descobre que não consegue colocar o pé direito no chão, tamanha é a dor que sente no tornozelo. A partir desse ponto Aline não manda mais em si mesma, as amigas se aproximam e, ajudando-a sentar-se novamente, passam a tomar conta dela de maneira carinhosa. "O que foi? Tá doendo?", perguntam solícitas enquanto examinam seu pé de forma muito cuidadosa, não tardando o diagnóstico, "torceu o tornozelo", nem a prescrição, "é melhor colocar gelo". De nada valem os protestos de Aline tentando manter o controle de sua situação, "não foi nada, já passou, eu vou tomar café". "De jeito nenhum", dizem as amigas, "pode piorar se você ficar andando, fique aqui que eu vou buscar o café para você. O que você quer, café ou suco?". Sim, talvez seja bom ser cuidada, talvez Aline sinta-se importante e querida, ou talvez se sinta presa e sem liberdade, sem poder nem mesmo decidir se vai tomar um café. Quando resolveu que ia embora para casa no fim da aula, as coisas pioram ainda mais: alguém já havia ligado para seu namorado, sem ela saber, e ele estava vindo buscá-la de carro. Se uma simples torção de tornozelo, sem maiores consequências, produz esse efeito devastador na autonomia de uma pessoa, o que dizer de uma doença de fato, que leve inclusive à hospitalização. Tomar água e ir ao banheiro, coisas rotineiras, deixam de ser e se transformam em ponto de discussão, passam a precisar de autorização – é assim o mundo do hospital, perde-se a autonomia. O paciente não decide mais nada, nem mesmo o jeito como se deita na cama é de sua autoria, já está prescrito: pernas para cima, cabeceira elevada, mudar de posição de quatro em quatro horas para evitar escaras, e por aí vai. Para algumas pessoas, essa posição de objeto das atenções não incomoda, então está tudo certo, mas para outras pode ser fonte de sofrimento extra acrescido ao sofrimento da doença. Para estas últimas talvez seja importante a presença de um psicanalista que lhes possibilite recuperar o lugar de sujeito, nem que seja decidindo se a janela fica aberta ou fechada. E, se a janela não puder ser aberta, porque às vezes pode mesmo fazer mal ao paciente, o psicanalista continua seu trabalho, que, para bem além de fechar ou abrir janelas, constitui-se mesmo numa oferta de escuta que facilite ao paciente a assunção de seu lugar de sujeito falando seja lá sobre o que for. Para a psicanálise, quando não há mais nada a ser feito, ainda há uma coisa a ser feita: falar.

A relação médico-paciente

A relação médico-paciente é uma das três coisas que mais fazem falta na medicina – as outras duas se referem a acesso e custos. A medicina moderna não costuma ser criticada por falta de competência; as reclamações principais são em relação à dificuldade de acesso aos serviços médicos, aos altos custos desses serviços (seja para governos, seja para convênios ou particulares) e à ausência de uma relação mais humana entre os profissionais da saúde e o paciente. Qualquer pessoa que adoece e passa a ser cuidada pela medicina gostaria de sentir que quem cuida tem um interesse genuíno por sua pessoa, que tem tempo para ouvir, além, é claro, de ser competente.

Algumas pessoas poderiam argumentar que se o paciente encontrar atendimento competente já deverá se dar por satisfeito, pois as outras duas coisas, interesse pessoal e tempo para escutar, são artigos muito raros na cena hospitalar. Será que é legítimo o paciente esperar algo mais do que a competência técnica da medicina? Legítimo ou não, é o que acontece, pois a maioria de nós, ao adoecer, acaba entrando em uma espécie de regressão psicológica, e demanda não apenas cuidado técnico, mas também amor. Na hora da doença, como em qualquer hora de grande perigo, clamamos por Deus ou pela mãe, mas também procuramos o médico. O lugar do médico e de mãe têm uma coisa em comum: decodificar o discurso queixoso. Clavreul (1983) argumenta que "[...] o doente que recorre ao médico está na situação da criança que recorre à mãe, pelo fato de que a um e outro imputa, a pessoa que apela, um discurso no qual podem interpretar seu apelo" (p. 156). A mãe sabe o que significa o choro, ou podemos dizer que ela dá um significado ao choro do filho, e o médico também dá um significado às queixas do paciente, relegando o que não tem significado no discurso médico. A pergunta mais importante não é "o que o paciente pode esperar?", e sim "qual a escolha ética da medicina?". O que ela se propõe a oferecer, técnica e amor, ou apenas técnica? Na hipótese de uma escolha pela técnica e amor, poderíamos perguntar de onde virá esse amor, pois, como demonstramos anteriormente, nem a faculdade de medicina nem o discurso médico incluem o amor e a subjetividade entre seus temas. Mas, se, como ensina Lacan (1969-70), "[...] amar é dar o que não se tem" (p. 49), então mesmo assim haverá esperança de chegarmos a uma medicina mais humanizada.

O corpo médico dos hospitais modernos divide-se em equipes formadas por chefe, assistentes, residentes, estagiários, fisioterapeutas, psicólogos, secretárias etc. Se por um lado isso cria uma estrutura de referência e amparo para o paciente, afinal vai ter sempre alguém da equipe no hospital para atendê-lo, por outro torna a relação médico-paciente uma coisa obsoleta, colocando em seu lugar a relação paciente-equipe, que na maioria das vezes é bastante impessoal. Não é raro um paciente ser internado, operado e ter alta sem nem ter visto a cara do dr. Fulano, o chefe da equipe que o operou. O serviço é organizado de forma que os assistentes cuidam do pré e do pós-operatório e o chefe entra em cena apenas no tempo principal, momento em que geralmente o paciente já se encontra anestesiado. Em um importante hospital de São Paulo o serviço de cirurgia bariátrica opera diariamente nove pacientes. Note-se bem, nove pacientes por dia, cinco dias por semana, quatro semanas por mês, onze meses por ano, e isso há vários anos seguidos – uma verdadeira linha de produção. Há uma vantagem óbvia nesse arranjo: o acesso de mais pessoas a um tratamento, mas a impessoalidade é um preço a pagar, ou há uma maneira de introduzir uma relação médico-paciente individualizada nesse contexto? O que nos interessa aqui é marcar que a impessoalidade é outro mecanismo pelo qual a subjetividade se esvai no hospital. É aquela história da solidão no meio da multidão: o paciente entre tantos, mas com pouca intimidade a transferência se rarefaz.

A relação médico-paciente é bastante assimétrica do ponto de vista da intimidade e da subjetividade. O médico se relaciona muito mais com o corpo do paciente do que com a pessoa dele. O psicanalista sabe conversar, mas não pode tocar o corpo do paciente, já o médico, este autorizado a tocar o corpo todo do paciente, nenhum pedaço lhe sendo vedado, raramente se põe a conversar com o paciente. É fato que faz bastante perguntas a ele, mas anamnese não é a mesma coisa que uma conversa. O discurso médico favorece a intimidade física, mas esta não se faz acompanhar de uma intimidade subjetiva.

Na sala de cirurgia número dois do Hospital Universitário Grajaú, às 3 horas da madrugada, a equipe se prepara para realizar mais uma cirurgia de emergência. Esse hospital está localizado em uma das regiões mais violentas da cidade de São Paulo, e já fazem parte da rotina as cirurgias para tentar salvar a vida de homens baleados em assaltos e confrontos com a polícia. O cirurgião principal e seus assistentes já estão paramentados, com as mãos enluvadas para o alto, procedimento preconizado para evitar contaminação, esperando pacientemente que o anestesista autorize o início do procedimento. Quando o anestesista finalmente autoriza o início da cirurgia anunciando que o paciente já se encontra anestesiado, o cirurgião comenta: "Gosto muito do ser humano, mas do pescoço para baixo", mostrando que o seu campo de trabalho começa no campo cirúrgico colocado perpendicularmente ao corpo do paciente, na altura do pescoço. Do campo cirúrgico para cima fica a cabeça do paciente, a cargo do anestesista; do campo cirúrgico para baixo estão o tórax, a barriga e o resto do corpo, e é a esse campo de trabalho que o cirurgião se refere. Quem olha essa cena pode achar que esse cirurgião é um homem frio, que não tem emoções. No caso em questão, pudemos verificar que não é assim: ele é um cirurgião em treinamento há quatro anos, prestes a conseguir seu título de especialista em cirurgia geral, um homem tímido, mas muito gentil, que diz ter dificuldades em conversar com as pessoas e que se sente melhor com elas quando estão anestesiadas.

A possibilidade de explicar esse caso baseando-se numa idiossincrasia do cirurgião em nada diminui a outra vertente explicativa: um exemplo extremo, quase anedótico, embora bastante real, do típico desinteresse da medicina pelo discurso do paciente. O paciente ideal para a medicina seria "um corpo que fala", mas que fala pouco e diz apenas aquilo que tem sentido dentro do raciocínio médico, uma espécie de sujeito morto em um corpo vivo. Parece um pouco exagerado falar em sujeito morto, já que o significante com o qual a medicina gosta de se identificar é vivo, então é mais preciso dizer que paciente ideal é sujeito quieto em um corpo vivo.

Para Clavreul (1983):

> [...] não há diálogo no encontro entre médico e doente, visto que este último está voltado a se calar para deixar a palavra apenas aos sintomas. Tampouco há bem entendido diálogo entre o psicanalista e seu paciente, mas isso é outra história que constitui precisamente o objeto da cura psicanalítica (p. 195).

Esse reparo na parte final da frase, sobre a inexistência na psicanálise de uma relação complementar, pessoal e íntima, entre analista e paciente, é uma bem-vinda advertência contra a tentação de se tomar a psicanálise como gabarito da medicina. Nem o médico nem o psicanalista colocam sua subjetividade em cena. Na psicanálise, essa manobra tem o nome de "lugar do morto". Seria a posição do médico a mesma coisa?

Ambas são posições tomadas de forma calculada, sem nada de acaso ou acidental, são propositalmente escolhidas por se considerar que dessa forma se alcança melhor resultado clínico, mas enquanto na medicina a subjetividade é excluída tanto do médico quanto do paciente, na psicanálise ela é excluída da posição do analista exatamente para ser destacada, ao máximo, na posição do paciente. Dizer que a subjetividade é excluída só é exato para a medicina, já que na psicanálise a subjetividade do analista é apenas velada para que todo o realce fique com a subjetividade do paciente. O "lugar do morto" é um semblante, o analista sabe que não está nada morto, reconhece a existência de suas pulsões e desejos, e apenas faz de conta que nada há; o médico talvez acredite mesmo que se livrou de suas particularidades, de suas emoções e desejos ao adotar a objetividade científica. O psicanalista leva em conta no seu cálculo a sua subjetividade, e lida com ela através da contratransferência e de muitas horas de análise pessoal, ou seja, a subjetividade do analista é pessoalmente reconhecida e tecnicamente velada. Já a subjetividade do médico, que não entra no seu cálculo clínico, na verdade atrapalha, é excluída tanto pessoalmente quanto tecnicamente, ou seja, é sistematicamente excluída da pessoa do médico e do método por ele usado, o científico. O analista, por reconhecer a existência da subjetividade, oferece sua presença, seu corpo, para a projeção da subjetividade do sujeito. Lacan (1958) diz que se o paciente paga a análise com dinheiro e angústia; o analista também paga, paga com sua presença: "[...] paga com a sua pessoa, na medida em que, haja o que houver, ele a empresta como suporte aos fenômenos singulares da transferência" (p. 593).

Enquanto o psicanalista tem a teoria da transferência para lidar com essa questão das emoções desencadeadas no encontro clínico, o médico nada tem de similar, não tem nenhum recurso teórico ou técnico para lidar com a subjetividade, então só lhe resta considerá-la inexistente, tanto no paciente quanto em si mesmo.

A doença

O médico, o paciente e a doença, dois personagens e uma ideia – assim se organiza a cena hospitalar. Da doença quase nada falamos até aqui, mas é preciso fazê-lo, pois, sem discutir a noção de doença reinante na medicina, pouco se compreenderá do se passa na cena hospitalar. Se a psicanálise se organiza em torno da noção de inconsciente, a medicina, por sua vez, se organiza em torno da noção de doença. A discussão sobre o conceito de saúde e doença, o normal e o patológico, é um campo vasto com penetrações filosóficas, antropológicas e sociológicas além da clínica propriamente dita.

A Organização Mundial de Saúde define saúde como "[...] o mais perfeito estado de bem-estar biopsíquico social". Muito bem, essa noção faz bastante sucesso no campo da psicologia hospitalar, pois quebra a hegemonia da questão biológica, mas pense o leitor: quem você conhece se encontra nesse idílico estado de saúde? Provavelmente ninguém, ou pelo menos ninguém por mais de alguns instantes. Mas então estaríamos todos doentes? Também não. O que acontece é que essa definição não serve para a clínica. Na verdade, esse conceito, que vamos denominar *saúde ideal*, é uma ótima definição quando tomada no contexto para o qual foi proposta: ela é uma noção de saúde pública, com claros objetivos sociais e políticos. Pode ser criticada como utópica, mas não deve mesmo ser um tanto utópica toda estratégia política que tem como objetivo direcionar os esforços técnicos e comunitários rumo a metas sociais futuras? Essa ênfase no social é para lembrar aos governantes de que na saúde infantil, por exemplo, não basta dar antibióticos às crianças. É preciso levar em conta o saneamento básico. Já para o pediatra de plantão no pronto-socorro infantil essa definição é ampla demais, pois desse jeito ele teria de tratar todas as crianças que passam pela porta do hospital. Então, do ponto de vista clínico, essa *saúde ideal* não é de muita valia. Vejamos outra noção.

A saúde também pode ser definida como um estado que permite a uma pessoa levar a sua vida de forma habitual. A ênfase no funcionamento faz com que essa concepção seja conhecida como *saúde funcional*. Se a pessoa consegue levar sua vida cotidiana sem ser muito importunada por nenhum de seus órgãos, ela é saudável; já se a cabeça dói constantemente, ou se o intestino não funciona, ou os olhos ardem constantemente, a ponto de ela ter que prestar atenção a esses órgãos, em vez de seguir fazendo as coisas de sua vida, então ela está doente. Esse conceito de *saúde funcional* é bastante significativo no contexto deste trabalho, na medida em que é uma posição adotada também pela psicanálise.

No final do livro "Estudos sobre a histeria", comentando sobre o tratamento psicanalítico, Freud (1893) afirma o seguinte: "[...] haverá muito a ganhar se conseguirmos transformar o sofrimento histérico em uma infelicidade comum, e com uma vida mental assim que restituída a saúde [...]" (p. 328). O que podemos entender por "infelicidade comum" senão aquela com a qual as pessoas convivem em sua vida cotidiana? Também Lacan (1975) se aproxima dessa posição ao dizer, comentando sobre o final da análise, em uma conferência para os alunos da Universidade de Yale, que: "[...] uma análise não deve ser levada muito longe. Quando o analisando pensa que está feliz em viver, é o bastante" (p. 11).

Assistimos, na atualidade, no campo das classificações dos transtornos mentais, ao início de um debate envolvendo exatamente essa noção de prejuízo funcional como definidor das doenças. Até agora, nas classificações de doenças, a CID

10 e o DSM IV, para que um paciente recebesse um diagnóstico, ele tinha que apresentar certo número de sintomas e, além disso, esses sintomas deveriam provocar prejuízo funcional importante na vida da pessoa. Na elaboração das novas edições, a CID 11 e o DSM V, foram apresentadas propostas para a retirada desse requisito, de maneira que bastaria simples presença de tais e tais sintomas para que se fizesse o diagnóstico. Um dos quadros em que esse tema tem sido debatido é o do TDAH (Transtorno do Déficit de Atenção e Hiperatividade). Pela nova proposta, se a criança for hiperativa, não importa se isso prejudica ou não sua vida escolar ou familiar, ela será diagnosticada com TDAH. Isso significa, do ponto de vista psicopatológico, uma medicalização da vida em que aspectos antes entendidos como parte da vida cotidiana passam a ser considerados patológicos, independentemente de suas consequências funcionais. Além de consequências sociais e econômicas, com o enorme aumento de diagnósticos e tratamentos para esses pacientes, há que se notar a padronização do modo de vida, não restando mais espaço para a singularidade e para a individualidade.

Bastante importante no campo do psiquismo, a noção de *saúde funcional* já não tem a mesma relevância na medicina. É claro que a medicina valoriza a funcionalidade do indivíduo, até porque um dos objetivos sociais da prática médica seria manter o homem produtivo, mas onde a funcionalidade deixa de ser relevante é como definidora de quem deve ou não ser tratado medicamente. Tomemos como exemplo principal as doenças crônicas, como diabetes e hipertensão, cujos portadores funcionam bem na vida, mas mesmo assim precisam ser tratados.

Uma terceira concepção de saúde que podemos analisar é aquela que define saúde como o "silêncio dos órgãos", sugestiva expressão criada por Leriche (1936 *apud* Canguilhem, 1943, p. 57). Se os órgãos não se manifestam, então estamos saudáveis, mas, se eles começam a se fazer presentes, se temos de nos lembrar deles, então estamos doentes. Certa vez, uma paciente com transtorno de pânico ilustrou claramente essa concepção dizendo: "[...] então eu lembrei que peito existe", para se referir à sensação de angústia, sufocamento que passou a lhe incomodar diariamente. É assim, enquanto não nos lembramos do corpo estamos saudáveis. O poeta Paulo Leminski (2013) chegou a tentar um acordo com seu corpo para viver bem. Dizem que ele propôs:

> Fiz um trato com meu corpo
> Nunca fique doente.
> Quando você quiser morrer,
> eu deixo (p. 321).

Essa abordagem tem uma característica de muito interesse para o psicanalista; é a ideia de que só haveria doença com consciência. Suponhamos que uma pessoa que está procurando emprego acabe descobrindo, no exame admissional, uma pequena mancha no raio X de tórax sugestiva de tuberculose. Ela não tem nenhum sintoma, não tem tosse, não tem febre, não tem cansaço, nada mesmo que atrapalhe a sua vida cotidiana. Podemos dizer que ela está doente? René Leriche (*apud* Firkin & Whitworth, 1987) diria que não, pois ele nega o título de doença às formas ditas silenciosas das doenças, tais como câncer latente de rim descoberto na ocasião de uma autópsia praticada após a morte ocorrida em um acidente automobilístico. Esse conceito de doença como silêncio dos órgãos pode ter seu valor do ponto de vista da história da medicina e sua evolução, mas é evidente que ele não pode ser adotado pelos médicos atuais, pois em muitas situações quando o órgão se manifesta o processo patológico já vai muito adiantado, como acontece no câncer de ovário, ou mesmo na hipertensão.

Do ponto de vista psicopatológico, a noção de consciência da doença é um critério muito valorizado; ele marca, por exemplo, a distinção entre neurose e psicose. O neurótico seria aquele que tem noção de que seus sentimentos, fantasias e comportamentos são exagerados, estranhos, e, embora não os controle, são, como dizem, "maiores que eu". Já os psicóticos não fazem essa crítica aos seus próprios pensamentos e vivências; embarcam totalmente, acreditam de fato, não acham que algo de estranho acontece com eles, mas sim que algo de estranho acontece no mundo. A consequência da presença ou ausência de "crítica" (termo usado na psiquiatria para designar a noção de consciência da doença) para o tratamento é notável. O neurótico busca tratamento, o psicótico é levado. Nenhum clínico recebe no consultório um paciente se queixando: "eu sou psicótico, eu vejo coisas, ouço vozes e acredito em coisas que ninguém acredita". Um paciente com esses sintomas só chega ao consultório porque é levado pela família, e com muito esforço por parte dela, diga-se de passagem. Já o neurótico procura o clínico e se queixa: "Eu sei que não é bem assim, mas eu não consigo parar de pensar ou sentir isso, preciso de ajuda". Para o psicanalista, a noção da doença silenciosa poderia ser uma porta aberta para a subjetividade penetrar no campo médico, mas, apesar da coragem de Leriche, sua abordagem não é muito presente na cena hospitalar.

Além das três concepções que vimos até aqui, saúde ideal, saúde funcional e saúde silenciosa, temos uma quarta concepção nesse pequeno inventário da questão saúde-doença: a *saúde normativa*. Essa abordagem considera que a saúde é o mais frequente naquelas pessoas que conseguem levar uma vida normal. Dentre os vários sentidos do termo normal podemos destacar a acepção matemática, ou, mais precisamente, estatística, na qual o termo significa um tipo de média, uma faixa na qual pode ser colocada a maioria dos participantes de uma amostra, ficando uma pequena minoria nos extremos superiores e inferiores da distribuição. Esse perfil estatístico é chamado de "curva de distribuição normal" e de fato ele representa bem uma série de características do ser humano. Vejamos a altura, por exemplo. A maioria inquestionável do seres humanos tem uma altura entre, digamos, 1 metro e 40 centímetros e 2 metros e poucos centímetros. Abaixo disto estão os anões, e outra minoria, os que sofrem de gigantismo, fica acima disso. Dessa maneira, normal é aquilo que aparece na maioria das pessoas, e doença é aquilo que "sai da norma". Assim, ser saudável em termos de pressão arterial, de glicemia, de função tireoidiana, de colesterol, é ter as taxas referentes a essas funções dentro de certos limites.

Mas como esses limites (normas) são estabelecidos? Em primeiro lugar, pela observação, pois, de fato, a vida acontece dentro de certos limites biológicos, como frequência cardíaca, temperatura, metabolismo etc., sendo inviável fora delas. A partir das medidas obtidas quando se observa a maior parte da população considerada saudável chega-se aos valores normativos. Então, se os valores obtidos no exame do paciente individual estão dentro das normas estabelecidas a partir das medidas da população em geral, então está tudo bem, mas, se estão acima ou abaixo, suspeita-se de uma doença.

Dito dessa maneira fica parecendo que é tudo muito exato e preciso, uma verdadeira medicina baseada em evidências, mas é bom nos lembrarmos de que evidências não dão em árvores, e que os dados obtidos pela ciência não são frutos naturais, são construídos como esculturas, a partir de pedras concretas, é fato, mas também a partir de certas escolhas humanas. No fim das contas são construções elaboradas pelo homem. É interessante notar como os valores normais parecem mudar com o tempo. Antigamente, glicemia de 100 era normal; agora, glicemia de 100 já é pré-diabetes. O que houve? Mudou o corpo do homem ou mudou o jeito de a medicina definir a doença? O corpo do homem não muda tão rapidamente assim, então claramente mudou o jeito de definir a doença. Acontece que os estudos científicos não são tão exatos quanto costumam parecer. As variáveis são inúmeras, e podem ser incluídas ou excluídas dependendo do que se deseja ressaltar ou descartar, de maneira que o valor exato para diagnosticar diabetes pode ser diminuído por interesse da indústria farmacêutica para vender remédios, ou da indústria alimentícia para vender adoçantes, ou ainda pelos interesses dos médicos para ter mais pacientes, ou também pelo interesse dos profissionais de educação física, interessados em criar uma cultura da saúde, aumentando o público para as academias, por exemplo. Tudo isso demonstra que os limites, as normas de saúde, não são apenas fruto da biologia ou da matemática, mas que respondem a forças sociais e culturais, como bem demonstra o outro sentido do vocábulo norma, ou seja, lei, regra. Não há nenhum problema em existir uma força social determinando o que é doença, afinal somos seres sociais e tudo em nossa vida inclui também aspectos culturais e sociais. O perigo é exatamente quando nos esquecemos disso, achando que a doença é de fato uma coisa 100% natural.

Apesar desses senões, é essa noção de saúde normativa que domina a cena hospitalar, suplantando as outras três noções – de saúde ideal, de saúde funcional e de saúde silenciosa. Mas, quando tentamos aplicar essa mesma noção ao campo da vida subjetiva do comportamento humano, a noção de saúde como aquilo que corresponde ao que a maioria faz, as coisas ficam ainda mais complicadas, pois isso impede a emergência da singularidade, da individualidade. Qual seria o tempo normal de desânimo e tristeza diante de um diagnóstico de câncer? Quanto tempo seria considerado normal para o luto de um pai que perdeu seu filho repentinamente? Quanto de ansiedade consideraremos normal em alguém que está na fila de espera para o transplante de um rim? Claramente a noção de doença como norma, seja técnica, seja social, não é muito adequada ao campo psíquico; aliás, as outras três noções também não. Ao que parece, ainda estamos em busca de uma noção de saúde/doença mais satisfatória, tanto clínica quanto teoricamente, um conceito que, nas palavras de Garcia (2011): "[...] incorpore a singularidade de cada um, inclusive suas características genéticas (parte objetiva), sem deixar de lado o que cada um sente e ressente (parte subjetiva) de seu próprio corpo e no seu próprio corpo" (p. 43). Enquanto aguardamos essa novidade chegar à medicina, fazendo jus ao seu pragmatismo, à toda sua clinicalidade, vamos trabalhando com a noção de que doença é qualquer alteração na realidade corporal que coloque em risco a vida do paciente agora ou no futuro próximo, esteja ele consciente ou não tanto da alteração quanto do risco. É uma noção de doença que prescinde da consciência do paciente, portanto, é possível dizer que a doença como pensada pela medicina não inclui a subjetividade.

Estudioso das formas de simbolização da doença Laplantine (1991) destaca duas maneiras de se conceber a doença: como um "ser" ou como uma "função". No modelo ontológico, a doença é concebida como um ser independente do paciente, uma entidade com vida própria, uma coisa que vindo de fora o invade, funcionando o corpo do homem meramente como o terreno no qual prolifera o mal. A patologia começa com uma lesão, que leva a uma alteração da função, que produz então o sintoma, como quando uma bactéria invade o pulmão, produz um acesso que, por sua vez, altera a ventilação pulmonar, levando aos sintomas da dispneia e da tosse.

Nesse modelo há uma clara separação entre o paciente e sua doença, separação evidente desde o linguajar médico e do próprio paciente: "Você tem pneumonia", "você é portador de leucemia", "eu peguei Aids". O paciente tem, porta, pega alguma coisa, ele não é a coisa; o paciente tem a doença, ele não é a doença. Essa separação tem algumas consequências vantajosas e outras problemáticas. Esse modelo leva a uma abordagem geográfica, de localização da doença, permitindo então a ação, por exemplo, da cirurgia que vai lá e retira a coisa. A eficácia da medicina moderna é de alguma forma tributária dessa distinção, pois, segundo Clavreul (1983):

> [...] graças a ela a medicina pode isolar o que constitui seu objeto, a doença, e fazer seu estudo considerando-a semelhante em todos os homens, com exceção de algumas variantes que se relacionam tanto à própria doença quanto ao homem no qual ela evoluiu. Está fora de dúvidas que só esta distinção permitiu à medicina ocidental desenvolver-se tanto (p. 73).

Do ponto de vista do paciente, essa separação pode ser tranquilizadora pela desimplicação subjetiva que o leva a pensar: "Eu não tenho culpa, o que está estragado é um órgão, e não eu". Mas, por outro lado, pode encobrir aspectos subjetivos relevantes para o paciente, como, por exemplo, sua maneira de lidar com as coisas difíceis da vida, ou seus conflitos geradores de ansiedade.

No outro modelo, o *modelo funcional*, a doença é entendida como um desequilíbrio, uma falta ou um excesso, um processo que antes era normal passa a ser mórbido pelo desvio, e não simplesmente pela existência ou ausência de algo. Primeiro ocorre um desequilíbrio, um excesso ou uma carência, que leva a uma lesão, que por sua vez produz o sintoma. Tomemos como exemplo uma carência de insulina que eleva o nível de glicose no sangue, o que acaba lesando o endotélio dos vasos sanguíneos, gerando, como consequência, diminuição da circulação periférica e determinando uma ferida crônica no pé, o que leva à amputação do pé. Pode-se pensar em uma tentativa de se manter no modelo ontológico, que no fundo tudo começou com uma lesão no pâncreas que determinou a carência de insulina, mas teríamos que a própria lesão pancreática já teria sido produzida por um excesso ou falta de outras substâncias. Não é um órgão doente que cria um problema, mas uma função desviada. Tal desvio pode se referir a um desequilíbrio do paciente com seu entorno, entorno este tomado de forma tão ampla quanto o meio ambiente, ou, de forma mais restrita, tomado como sua dieta ou suas relações familiares.

A noção médica de doença oscila entre os dois modelos, mas claramente com preferência pelo modelo ontológico, que considera a doença uma coisa, um inimigo a ser erradicado custe o que custar. Esse pendor torna-se mais compreensível quando nos damos conta de que o modelo estrutural, ao distinguir nitidamente o homem de sua doença, combina-se melhor com a clareza buscada pelo método científico, e permite que se mantenha a exclusão da subjetividade. E também a ideia de que o paciente nada tem a ver com sua doença se encaixa perfeitamente no discurso médico, que, como já vimos, retira a subjetividade da cena hospitalar não apenas do paciente e do médico, mas também da própria noção de doença, como estamos vendo agora. O discurso médico, ao afirmar: "Você foi atingido por uma doença", indica que o corpo do paciente está habitado por uma doença na qual ele não está engajado pessoalmente, e acaba autorizando o paciente a se desprender de qualquer interpretação subjetiva sobre o que lhe ocorre.

A psicanálise pende mais para o modelo funcional, cujo paradigma pode ser assim definido: a origem de todas as doenças reside no excesso ou na deficiência da excitação dos diversos tecidos corporais. A teoria freudiana da angústia automática é um exemplo desse modo de pensar a patologia. Freud postula que a angústia é o resultado da transformação automática de um excesso de libido reprimida em angústia. A angústia é entendida, nessa primeira teoria, como mera reação fisiológica ao excesso de excitação nervosa não descarregada. Essa teoria é uma tentativa de aplicar o princípio da homeostase ao sistema nervoso, e o princípio da constância de Fechner à psicopatologia. Esses dois princípios, o da homeostase e o da constância, são corolários do modelo funcional da doença. Nesse modelo há, claramente, uma continuidade entre a fisiologia normal e patológica – afinal, a doença não é qualitativamente diferente da saúde, mas apenas quantitativamente diferente. Trata-se de um desequilíbrio, e não de um contraste. Analogamente, para a psicanálise é valiosa a aproximação entre vida normal e neurose, como bem demonstra o livro de Freud (1901) denominado "Psicopatologia da vida cotidiana".

Outro ponto de aproximação entre a psicanálise e o modelo funcional é o caráter relacional que se releva deste último, e que é ponto central da teorização psicanalítica. Comparativamente, temos que o modelo ontológico é mais anatômico-geográfico e o funcional, mais fisiológico-histórico; o primeiro valorizando locais específicos do corpo e o segundo olhando o corpo como um todo, como um sistema em que a relação fisiológica entre os vários órgãos, e a relação do indivíduo com seu meio, explicam o processo patogênico. Uma das características da psicanálise é a ideia de que o sujeito é o que é em função de sua história individual, de seus vínculos históricos com as figuras parentais. Na abordagem de Lacan (1959-1960) a importância da dimensão relacional é radicalizada no seguinte princípio: "[...] o desejo do homem é o desejo do outro" (p. 634). A própria definição da psicanálise como uma clínica sob transferência é o exemplo mais bem acabado do modelo funcional.

Entretanto, esse pendor da psicanálise para o funcional não pode ser levado muito longe, pois, afinal de contas, se o ponto de vista econômico e o ponto de vista dinâmico da metapsicologia freudiana são claramente funcionais, o terceiro ponto de vista, o tópico, que não é de menor importância para a psicanálise, é de um tom ontológico inegável. Embora seja possível, e epistemologicamente produtivo, estabelecer essas correlações entre a psicanálise e os conceitos pertencentes ao discurso médico (modelo ontológico, modelo funcional, saúde ideal, saúde funcional, saúde silenciosa e saúde normativa), não podemos nos esquecer de que a psicanálise tem seu próprio discurso sobre a doença.

O conceito de patológico em psicanálise é bem mais amplo do que na medicina. O termo *páthos*, em grego, significa doença, mas significa também paixão, sofrimento e passividade. A medicina foca o primeiro significado quando fala de patológico e a psicanálise se espalha pelo outros sentidos, se propondo a trabalhar com as paixões do sujeito, com seu sofrimento psíquico excessivo, com sua condição de passivo, entendendo que passivo é aquele que sofre a ação, que é afetado, e não aquele que deixa de fazer o que tem de ser feito. Assim, a psicanálise acolhe e trata do *páthos*, e não da doença.

Mas a principal diferença é que a psicanálise não depende do diagnóstico patológico para se colocar em ação; ela não se guia pela noção de normal e patológico tanto quanto a medicina, que faz desse conceito o ponto central para seu movimento de báscula entre tratar ou não tratar um paciente: se há doença, trata-se, do contrário, não. Na psicanálise, as coisas não funcionam assim; o que determina o tratamento é uma demanda, não uma indicação baseada em uma norma, seja ela técnica, seja social. Em tese, um cardiologista não medicará seu paciente se seus níveis pressóricos não estiverem acima de determinada norma estabelecida, mesmo que o paciente peça, e, por outro lado, tentará convencer um paciente que não quer tomar remédios a fazê-lo se os níveis pressóricos forem muito elevados, ou seja, não conta muito a demanda, o que pede o paciente, e sim a norma estabelecida para o tratamento.

Enquanto isso um psicanalista, por sua vez, poderá aceitar para análise alguém que demande atendimento por causa de um sofrimento que se costuma considerar normal, como, por exemplo, uma separação amorosa recente, e poderá não atender um paciente com um quadro de obesidade mórbida, do ponto de vista médico, mas que veio ao analista apenas em busca de um relatório para cirurgia, e não para tratamento. Ou seja, aqui conta mais a demanda, o pedido ou não de tratamento, e não a necessidade de tratamento suposta pela medicina ou por alguém que não o paciente.

No hospital essa divisão esquemática entre indicação e demanda acaba se esfumaçando, pois os limites são rompidos de ambos os lados. Temos médicos sendo demandados a realizar procedimentos cirúrgicos sem indicação médica, assim como cirurgias estéticas e cirurgias bariátricas para pacientes pouco obesos. Atualmente, os pacientes procuram os médicos para melhorar seu desempenho existencial, digamos assim, e não porque estão doentes. E, por outro lado, também temos analistas sendo solicitados, ou se propondo, a atender pessoas sem demanda, que não pediram para ser atendidas, situação rotineira nas enfermarias dos nossos hospitais.

A psicanálise não se encanta tanto com o conceito de doença como a medicina, que faz dele o seu norte. O analista vai escutar o paciente sobre sua doença, mas o escutará sobre qualquer coisa; a doença é tema privilegiado no hospital, mas não é essencial para o trabalho psicanalítico. Se o paciente quiser falar de outra coisa, o analista o ouvirá. Com todo o respeito à medicina, e ao nosso desejo de viver e ter saúde, para a psicanálise a doença é a circunstância que põe em evidência o sujeito, seu verdadeiro objeto de trabalho. A doença é porta de entrada, pode até ser o caminho, mas nunca o objetivo do trabalho psicanalítico.

A psicanálise trabalha mais com a noção de *páthos* do que com a noção de doença, e essa preferência traz maior amplitude, embora diminua a exatidão das formulações. Ou seja, o conceito de patológico da psicanálise é vago, enquanto o da medicina busca ser o mais exato possível. A psicanálise reconhece que essa exatidão da medicina é boa do ponto de vista prático e operacional, mas aponta que ela é problemática do ponto de vista da subjetividade. Como demonstramos anteriormente, ainda não é possível responder de forma completa e satisfatória à pergunta sobre o que é normal ou patológico. Diante disso, num passo psicanalítico, propomos então que trabalhemos com a "pergunta mantida", ou seja, se não temos uma resposta ótima, mantemos a pergunta presente como forma de nos lembrar da questão. Existem casos que são evidentemente patológicos, e existem outros que são evidentemente normais; estes são os fáceis, mas existem os casos em que a dúvida se instala e, diante destes, vale bem o recurso da "pergunta mantida". Quando temos uma resposta, e especialmente quando a consideramos boa, quando ela toca nossa "veia teórica",[2] paramos de pensar. As perguntas abrem espaço para a emergência do sujeito, enquanto as respostas, e em especial as padronizadas, costumam fechar esse espaço. É por isso que às vezes uma pergunta incomoda mais do que uma afirmação. Evidentemente que a estratégia da pergunta presente não serve para o trabalho médico hospitalar; nessa cena são necessários indicadores que apontem claramente para a existência de uma condição mórbida a pedir intervenções terapêuticas. Mas, mesmo diante de necessidade de respostas exatas, os médicos mais experientes sabem que quem tem apenas uma hipótese diagnóstica não tem nenhuma.

O adoecimento

Na cena hospitalar, contexto do encontro, ou desencontro, dessas diferentes concepções sobre o patológico, queremos fazer uma distinção entre doença e adoecimento, a primeira entendida como uma alteração na realidade

2 Expressão atribuída ao psicanalista José Carlos Zeppellini Jr., membro do Laboratório de Psicopatologia Fundamental da PUC-SP.

corporal e o segundo como uma situação na qual o sujeito se relaciona, seja de que forma for, com essa alteração corporal, ou seja, doença é uma alteração corporal e adoecimento é a alteração corporal vivenciada pelo sujeito. A doença é uma alteração corporal, o adoecimento é uma vivência humana. A alteração corporal se estabelece a partir do discurso médico, é ele que a constitui e enuncia, sem qualquer participação do sujeito, já o adoecimento só se instaura a partir das vivências do sujeito em relação a sua doença, podendo ir desde a total negação até a mais alta angústia, passando inclusive pelas doenças imaginárias dos hipocondríacos. Com essa esquematização chegamos próximo da proposição de Leriche, que chegava a falar de uma "doença do doente" e de uma "doença do médico". Então a psicanálise e a medicina não cuidam da mesma coisa por caminhos diferentes, um físico e outro psíquico; cada uma se dedica a entidades diversas: a doença e o adoecimento.

O hospital é um cenário rico e complexo, com muitos elementos, e se aqui demos grande destaque à desjubjetivação, é apenas porque esse elemento é o mais relevante para a psicanálise, e não o mais importante na cena toda. Ao se comentar o modelo médico, é preciso sempre muito cuidado para não se cair numa crítica ingênua que desvalorize sua eficácia relativa aos sintomas e ao prolongamento da vida. A figura do médico que habita nosso imaginário, aquela figura compassiva, com mansuetude, culta e pronta para ouvir nossas aflições, raramente é encontrada na mesma pessoa do competente especialista atualizado com os últimos avanços da medicina científica. Dizem que o saber científico sobre os astros exclui o olhar romântico sobre as estrelas, mas vamos nos lembrar de que esse mesmo olhar que economiza a poesia já levou o homem à lua, e muito mais.

2
A outra cena

Essa mudança na realidade corporal chamada doença lança o sujeito no vasto mundo de seus medos, desejos e fantasias, conscientes e inconscientes, bem como coloca em relevo o discurso que ele pode manter sobre tudo o que constitui sua subjetividade. Neste capítulo vamos apresentar um olhar psicanalítico, mais especificamente metapsicológico, sobre o tema do adoecimento, em uma abordagem teórica de natureza não saturada, pois se assume como um olhar parcial e provisório, sempre aberto a revisões, mas não sem a ambição de ser clinicamente útil.

Por muitos e muitos anos procuramos por uma analogia adequada para a psicanálise, e de tudo que encontramos, a música parece ser a mais esclarecedora. O artista produz música a partir de seus instrumentos, também o analista produz psicanálise a partir de seus instrumentos, com a diferença de serem feitos não de metal ou madeira, mas de ideias, e com a semelhança de serem ambos construídos e aperfeiçoados em lentos processos de fabricação. Mas a principal semelhança não é essa, e sim o fato de que tanto uma quanto a outra podem ser produzidas por apenas um ou por dezenas de instrumentos: é possível tocar uma música batucando em uma única caixa de fósforos ou regendo uma orquestra sinfônica, mas a melodia em si é a mesma, o que varia é a ressonância. A psicanálise também é assim, pode ser levada a cabo com todo o arsenal conceitual da psicanálise, ou então com alguns conceitos fundamentais. Aqui vamos trabalhar com alguns conceitos da rica reserva teórica da psicanálise que se mostram mais eficientes no trato do adoecimento.

O sujeito

Fala-se muito em sujeito na psicanálise, falamos muito em subjetividade no primeiro capítulo deste livro, talvez até demais, e chegamos mesmo a colocá-la como a referência para definir cada uma das disciplinas em discussão: sua ausência na medicina e sua presença na psicanálise. Mas apesar disso não paramos para defini-la ou mesmo conceituá-la; e é chegada a hora de enfrentar esse problema. O que é a subjetividade?

Adotando a fórmula freudiana para definir a angústia, podemos dizer que todo mundo sabe o que é a subjetividade, sabe por que a vive, mas basta pedir para que alguém a defina para nos darmos conta da dificuldade de formular claramente esse conceito. A noção de subjetividade coloca em destaque a vida psíquica do homem, sua história individual e suas circunstâncias de vida, e se contrapõe, conceitualmente apenas, mas jamais vivencialmente, ao corpo físico e ao comportamento que constituem a objetividade do homem. Se separarmos o corpo físico da subjetividade é apenas como um recurso para entender e pensar, jamais para vivê-los, pois nesse plano vivencial estão inextrincavelmente misturados. A subjetividade é concebida como a experiência do eu interior de cada um, aquilo que sentimos como sendo nosso eu privado, particular, que só nos conhecemos e que tem a ver com a nossa singularidade.

O que caracteriza a abordagem psicanalítica da subjetividade é a ideia de que o jeito como o homem vive seu psiquismo, sua história, suas circunstâncias de vida, seu corpo e seu comportamento, é profunda e amplamente marcada por uma dimensão inconsciente denominada *sujeito do inconsciente*. Essa marca é tão pregnante que é possível dizer que a subjetividade humana é a subjetividade do sujeito do inconsciente, chegando-se mesmo a usar subjetividade e sujeito como sinônimos, prática que adotamos neste livro.

Mas é preciso deixar claro que, embora o "sujeito do inconsciente" influencie toda a subjetividade humana, ele não é toda a subjetividade humana, já que esta comporta outras instâncias, como a "pessoa", o "indivíduo", o "ego" (que se contrapõe a id e superego), o "sujeito gramatical" (aquele que age). Todas essas noções referem-se à subjetividade, mas pelo seu caráter consciente se distinguem do sujeito do inconsciente. Enquanto pessoa, indivíduo, ego e eu são conscientes e sugerem que o ser humano está no controle em sua vida, a noção de sujeito do inconsciente vem demonstrar que o ser humano não controla sua vida psíquica, ele é submetido por uma força desconhecida que ele mesmo carrega e sustenta sem, no entanto, controlar. Antes de Freud, sujeito se referia a um sujeito agente centrado no *cogito*, no controle, e depois de Freud temos de nos haver com uma noção de sujeito que é determinado por forças inconscientes, quer dizer, um sujeito que é mais parecido com um objeto do que com um sujeito agente. Embora a noção de sujeito seja realmente complexa, ela não pode ser descartada porque, como nos lembra Berlinck (2000), "[...] há um polo de referência subjetiva do qual não se pode prescindir quando se lida com o humano" (p. 203). Esta é a marca da psicanálise que evita os termos pessoa e indivíduo, preferindo chamar o ser humano de sujeito porque quer enfatizar que esse ser é guiado por um desejo inconsciente.

Vale a pena o esforço para se fazer uma distinção mais rigorosa entre dois conceitos psicanalíticos – o "eu" e o "sujeito do inconsciente" –, pois eles são relevantes na prática clínica hospitalar. A medicina põe em destaque o corpo, corpo este que faz parte do núcleo do "eu", que é definido por Chemama (1993) como "[...] a sensação de um corpo unificado, produzido pela assunção, pelo sujeito, de sua imagem no espelho, na época que ainda não tinha conquistado sua autonomia motora" (p. 208). Esse corpo não é o sujeito como poderia parecer à primeira vista. Por exemplo, o analista ao adentrar o quarto do paciente encontra seu corpo sobre o leito hospitalar, mas não o sujeito, este precisa ser buscado em outro lugar? Onde, por acaso, embaixo do leito? Também não, é claro, mas apenas em sua fala. É por isso que é importante essa distinção entre o sujeito e o eu. No hospital, enquanto o eu está à mostra de maneira imediata, o sujeito precisa de certas condições para emergir, a saber, a escuta proporcionada pelo psicanalista.

A subjetividade não é propriamente um conceito psicanalítico. Laplanche e Pontalis (1988), em seu *Vocabulário da psicanálise*, não incluem subjetividade nem sujeito como verbete, mas apresentam o verbete "realidade psíquica" que "[...] empregada em sua acepção, mas rigorosa, designaria o desejo inconsciente e o fantasma a que lhe está ligado"

(p. 208). Já o *Dicionário de psicanálise* de Roland Chemama (1993) define sujeito como "[...] ser humano submetido às leis da linguagem que o constituem e que se manifesta de forma privilegiada nas formações do inconsciente" (p. 208). A definição de Chemama põe em destaque a questão da linguagem que, para a subjetividade, não é apenas um meio de expressão, é antes um elemento de constituição, pois sujeito só existe mesmo em primeira pessoa. Para que se conheça e se leve em conta a subjetividade de um sujeito, é preciso que ele fale e seja escutado, não há outro jeito. É possível obter imagens por ressonância magnética do cérebro de uma pessoa enquanto ela sonha, tem um orgasmo, lembra-se de sua infância, mas essa imagem não é subjetividade, embora possa até ser intimidade. Uma endoscopia ou uma cirurgia expõe o interior do corpo de alguém, mas nada diz sobre sua subjetividade. A subjetividade não é uma informação, embora possa ser descrita, referida e analisada; isso é antes de tudo uma vivência visceralmente ligada à fala. Nada mais pertinente para apontar essa ligação com a linguagem quanto a definição lacaniana de sujeito: "[...] o sujeito é o que um significante representa para outro significante" (Chemama, 1993, p. 208).

Essa formulação lacaniana se refere à outra característica da subjetividade sobre a qual ainda não comentamos: sua evanescência. O sujeito é um clarão entre significantes, uma espécie de relâmpago, uma faísca que acende e apaga, não se substancializa feito uma pedra que existe permanentemente e está sempre ali. O sujeito do inconsciente trabalha sempre, mas sua aparição é episódica. A pessoa vai falando, falando, e o sujeito surge entre os seus ditos, não na forma de mensagem clara e racional, mas muito mais nas entrelinhas, no não dito, no dito sem querer, no dito sem saber, nos equívocos, nas claudicações. Isso não deixa de repercutir diretamente na clínica, pois, como afirma Moura (2000), "[...] ao se tornar psicanalista assume-se a seguinte posição: escutar o além do enunciado do paciente, ou seja, estar atento ao desejo que perpassa a sua fala nos tropeços de seus dizeres" (p. 47).

É possível falar em subjetividade sem levar em conta o sujeito do inconsciente, como fazem outras abordagens psicológicas, como a terapia fenomenológica, ou a abordagem cognitivista, por exemplo; mas não se pode falar em sujeito do inconsciente fora do campo da subjetividade. Olhando para os mesmos fenômenos subjetivos, um psicólogo e um psicanalista enxergam coisas diferentes. Quando leva em conta a subjetividade mesmo em sua dimensão mais fenomenológica, no sentido de mais consciente, o analista está no campo da psicanálise porque mira o sujeito do inconsciente, porque enxerga nesses aspectos conscientes a marca do desejo inconsciente sempre. O sujeito do inconsciente trabalha sempre, mas se evidencia episodicamente nos aspectos fenomenológicos, conscientes. A subjetividade é sempre portadora do desejo inconsciente, embora não o manifeste a toda hora. Esse jeito de pensar o sujeito do inconsciente faz parte da subjetividade, mas é uma forma tão específica e diferente que acaba por criar outra subjetividade, a subjetividade psicanalítica. E na cena hospitalar, de modo geral, são ambas, a subjetividade psicológica e a subjetividade psicanalítica, sumariamente excluídas pelo discurso médico.

A palavra sujeito é bem interessante; tanto se refere àquele que age quanto àquele que é subjugado. Aproveitando-se dessa polissemia a psicanálise escolhe justamente essa palavra para designar o ser que vive tanto na posição de agente, que voluntariamente ergue o braço para acariciar ou agredir, como para designar aquele que é controlado por forças inconscientes que o dominam sem que ela a conheça.

Não existe sujeito sem o ser humano, sem o indivíduo, não existe o sujeito desencarnado, mas talvez seja possível pensar no homem e no indivíduo sem focalizar sua dimensão de sujeito assujeitado. Na psicanálise, o sujeito não é o homem, que por ter natureza biológica é igual a todos os outros homens; o sujeito é considerado indivíduo que, por ter uma história particular, não é igual a ninguém, é único, talvez não seja igual nem a ele mesmo, posto que seja bastante mutável. Na linha da subjetiva metáfora proposta por Cruz (2007), podemos dizer que o sujeito é um livro do qual só se publicou um único exemplar.

Encontramos em um livro sobre a evolução humana, sugestivamente intitulado *O que nos torna humanos?*, de autoria de Pasternak (2007), uma das mais esclarecedoras descrições do que seja a subjetividade em sua dimensão simbólica:

> [...] os seres humanos dividem mentalmente o mundo que os circunda em entidades próprias que atribuem nomes. E uma vez gerados símbolos mentais deste tipo – que representem objetos concretos ou abstrações – somos capazes de associá-los em novas combinações e de levantar questões como "e se?". Por outras palavras podemos refazer, e aliás refazemos constantemente, o mundo na nossa cabeça, e é neste mundo mentalmente reconstruído que nós seres humanos vivemos, ao invés de num mundo diretamente apresentado pela natureza (p. 121).

Vivemos nesse mundo mentalmente reconstruído, e, note-se bem, é mentalmente reconstruído, e não mentalmente construído, ou seja, a reconstrução se dá a partir de um mínimo de mundo natural inicial, não é um mundo puramente mental ou psíquico do tipo que nada tem a ver com a natureza. Não vivemos em um mundo em que somos capazes de voar, vivemos em um mundo em que sonhamos voar, e tratamos de construir máquinas que nos possibilitem voar, com todos os riscos inerentes. Vivemos em uma espécie de membrana entre o mundo da natureza e a dimensão psíquica; somos seres de uma região fronteiriça, e essa natureza híbrida marca toda a nossa existência. Para a psicanálise, não somos movidos apenas por instintos como os outros animais; nos implica também uma pulsão, algo entre o psíquico e o somático. A doença compartilhamos com os outros animais, mas o adoecimento tem algo particularmente humano, já que envolve a consciência, consciência da própria existência e também da morte. Habitamos o meio da ponte entre o somático e o psíquico. É tentadora a ideia de que a psicanálise é psíquica e a medicina natural, mas na mesma medida em que é tentadora é falsa – a medicina também pertence ao mundo da realidade psíquica. É certo que a alteração na realidade do corpo pertence ao mundo natural, mas quando chamamos essa alteração de doença e lhe damos um nome já estamos no mundo da representação mental, no simbólico, mais precisamente. A doença é um conceito na cabeça do médico, é um pensamento na cabeça do médico sobre algo que acontece no corpo do paciente, pensamento este que serve de instrumento para melhor pensar o que fazer com esse algo no corpo do paciente, mas apenas isso; a doença não é uma coisa em si mesmo, não tem existência concreta, é uma noção abstrata. Por se esquecer disso a medicina acaba, muitas vezes, reificando a doença e gerando as consequências que já vimos no primeiro capítulo sobre a cena hospitalar.

O inconsciente

Emblema da psicanálise, o inconsciente acabou por se espraiar para muito além dela, demonstrando seu poder heurístico, mas também criando algumas confusões conceituais. O inconsciente freudiano não é uma segunda consciência que se esconde ao estilo de um diabinho interno, nem é o "estado segundo" dos primeiros estudos sobre histeria, e também não é uma segunda personalidade como no transtorno de personalidade múltipla. O inconsciente é um conjunto de representações, recalcadas ou não, que produz efeitos sobre a vida consciente, e nesse sentido pode-se dizer que comanda, mas também não comanda como se fosse uma central de comando, não tem uma chefia unificada, é mais parecido com a ordem que nasce do caos. Popularmente, o inconsciente acabou assumindo a forma de um poço escuro descendo em direção às profundezas da vida pulsional, mas essa metáfora não é muito boa, pois sugere algo escondido, guardado em uma urna a ser escandalosamente descoberta vez ou outra. O inconsciente não deve ser pensado assim, como um órgão secreto do corpo; ele é mais bem compreendido se pensarmos nele como algo difuso e pervasivo feito as ondas de rádio, que estão por toda a parte, e mesmo sem serem vistas produzem seus efeitos.

Com Lacan o inconsciente é imaginado como uma longa cadeia de significantes, delgada como uma fita de tecidos, mas de efeitos tão profundos quanto aquelas sensações originadas em um raso pedaço de pele. O inconsciente é tão profundo como a pele. Mas a pele é profunda? Basta tocar, ou ser tocado, com carinho, com tesão ou com raiva, tanto faz, para se descobrir quão profunda é a pele.

Trazendo a questão do inconsciente para a cena hospitalar, cabe antes de mais nada diferenciá-lo do inconsciente neurológico que é a acepção mais comum na medicina. Quando se diz que um paciente está inconsciente, se quer dizer que sua vida de relação com o meio ambiente e com os outros foi interrompida pelo rebaixamento do seu nível de consciência. Não há aqui qualquer referência se ele tem ou não noção dos desejos e forças que impulsionam suas ações, e também não se está levando em conta a consciência moral de seus atos.

Mesmo no interior do campo freudiano é necessária uma distinção. Há o inconsciente descritivo, que se refere aos conteúdos momentaneamente fora do campo da consciência, mas que podem vir a estar conscientes, que Freud chamou de sistema pré-consciente, e há o inconsciente tópico, um sistema de representações pulsionais recalcadas que só podem vir à luz da consciência através de formações de compromisso, e que estão intimamente relacionadas aos desejos infantis. É preciso, portanto, cautela no uso do termo, pois ele pode se referir ao inconsciente neurológico, ao inconsciente descritivo ou ao inconsciente tópico.

O papel do inconsciente nas doenças é um tema a ser tratado com mais cuidado ainda. Não convém tomar a doença em sua materialidade biológica como uma produção do inconsciente, igualando-a a sonhos, chistes, atos falhos e sintomas neuróticos, pois os fatores biológicos pesam muito mais nas doenças físicas do que nesses eventos psíquicos. Como tudo o que tem a ver com sujeito, a doença e o adoecimento também são tocados pelo inconsciente de alguma forma, mas não existem evidências clínicas de que essa forma seja uma relação tão simples e direta, tal qual causa e efeito, como imaginava Groddeck (1997), e como propõem os psicossomatistas mais apressados. Groddeck falava de um "inconsciente somático" e sugeria que as doenças eram a forma de o inconsciente dizer o que a pessoa não disse, algo assim como se o inconsciente secretasse um câncer no lugar de uma mágoa não dita. Infelizmente, ou felizmente, o psiquismo humano não é assim tão simples. Não é possível, nem necessário, dizer que a causa de uma doença é um conflito inconsciente. A psicanálise não está em condições de fazer essa afirmação, pois faltam-lhe evidências clínicas. Mas, por outro lado a psicanálise também não precisa provar que uma doença tem causas psíquicas para justificar sua intervenção, o que ela sustenta é a presença da subjetividade em torno do adoecimento, e não a psicogênese. Na clínica psicanalítica podemos falar da doença com a marca de um gozo, e não do gozo como causa do adoecimento. Escrevendo sobre pacientes diabéticos e a questão da doença como metáfora, Rocha (2011) explica bem essa questão:

> [...] o diabetes não se configura como um sintoma do inconsciente com estrutura de linguagem a comportar deslizamentos metafóricos e metonímicos, sujeito consequentemente a modificações a partir das interpretações (p. 185).

O inconsciente não é patológico, ele não produz a doença, o modo de lidar com ela é que pode ser profundamente marcado pelo inconsciente. A linguagem do inconsciente é indireta e bastante individual, de modo que o significado inconsciente da doença tem de ser pesquisado através das associações do paciente, e não anunciado pela pretensa sabedoria do psicanalista. Se um paciente diz que a pneumonia que o acomete tem a ver com sua dificuldade de engolir as humilhações que está passando no trabalho, então isso tem a ver, mas se foi o psicanalista quem tomou a iniciativa de dizer isso, então não tem nada a ver, ou melhor, tem a ver sim, tem a ver com o imaginário do analista, e não com o inconsciente do paciente, que é o que interessa.

O serviço de psicologia do Incor, em São Paulo, observou que muitos pacientes que se submetiam a transplante cardíaco acabavam se separando de seus cônjuges alguns meses após a cirurgia. Segundo Souza (2000), "[...] chama a atenção uma das fantasias que estes pacientes traziam: pelo fato de estarem com um coração novo, já não possuíam mais os mesmos sentimentos" (p. 25). Se o paciente diz isso então tem a ver, mas essa informação não pode servir de base para o psicanalista abordar todo transplantado cardíaco como se ele fosse dominado por essa fantasia. É preciso ouvir cada caso singularmente, sem impor interpretações, por mais brilhantes que ela sejam.

O que significa um câncer de fígado? Depende do paciente, e só ele pode dizer. Se fosse para fazer interpretações naturalísticas, pelo valor de face dos sintomas, ou pela antiga teoria das assinaturas (belíssimas do ponto de vista intelectual, mas de pouco valor clínico), pelo tipo dor de ouvido que significa não querer ouvir as pessoas, pelas infecções vaginais repetidas como sinal de problemas sexuais, pelo câncer ósseo na perna representando dificuldade de caminhar pela vida, e por aí vai, não seria preciso a psicanálise. Freud poderia ter parado o livro *A interpretação dos sonhos* nos dois primeiros capítulos, nos quais faz uma revisão das teorias de interpretação existentes em sua época, inclusive as interpretações mais populares. Mas Freud foi além, e continuou o livro inventando a psicanálise a partir da noção de que a participação do paciente era imprescindível para a interpretação do seu inconsciente. Além do mais, se fosse para trabalhar desse jeito simplista, bastaria decorar uma lista de doenças e seus supostos significados psíquicos, e não seriam necessários cinco anos de faculdade de psicologia, mais três ou quatro de formação em psicanálise, anos e anos de análise pessoal e horas e horas de estudo e supervisão. Do ponto de vista do corpo, do corpo físico, somos todos iguais, disso se vale a medicina para a sua eficácia; mas do ponto de vista do psiquismo somos diferentes um do outro, somos originais, únicos, singulares. É exatamente por ser tão complexa a tarefa de trabalhar com a singularidade que se estuda tanto na psicanálise.

O humano é um ser dividido que a psicanálise chama de sujeito. O ego, a parte consciente, é como uma alga marinha boiando na superfície do oceano e vivendo a ilusão de comandar o movimento das águas, quando na verdade é levada por ele. O inconsciente que divide o homem, por sua vez, também é dividido, fragmentado em várias forças, como a pulsão de vida, pulsão de morte, pulsão sexual e pulsão de conservação. É exatamente por causa dessa natureza fragmentada que o sujeito é um ser contraditório, conflitado e inconstante, que deseja uma coisa mas faz outra, que é ambivalente, que deseja e teme a mesma coisa, e é capaz de ter sentimentos opostos sobre a mesma coisa. Falar em sujeito dividido é um pleonasmo que só se justifica por marcar a radical diferença com a noção de ser humano unificado e coerente adotada pela medicina. Para a medicina o ser humano é, no dizer de Pacheco Filho (2011):

> [...] um indivíduo íntegro não dividido e dotado de livre arbítrio: um ego autorrepresentado como consciente, guiado unicamente pelo seu pensamento, dono de suas próprias

decisões e capaz de usar as palavras com total propriedade para veicular suas ideias e pensamentos (p. 59).

Uma consequência dessas diferentes maneiras de pensar sobre o ser humano é a forma como a medicina e a psicanálise reagem às contradições do paciente no hospital. Quando esse ser humano adoece e vai para o hospital em busca da ajuda, a medicina supõe que ele quer ser curado, e que fará tudo para isso, e se isso não acontece o paciente é chamado de caso difícil. Vale lembrar que caso difícil não é o do paciente com uma doença muito grave – este se chama caso interessante. Caso difícil é aquele com problemas de comportamento e relacionamento, é o paciente rebelde que questiona as recomendações clínicas e os regulamentos administrativos, e é também o paciente deprimido, sem muita vontade de viver que não se põe ao lado do médico na luta contra a doença. Esse tipo de comportamento deixa o médico perplexo, desconcertado e irritado, muitas vezes com vontade de rejeitar o paciente, mas como eticamente não pode, continua cuidando. Já o psicanalista, que sabe que o ser humano é complicado por natureza, não apenas quando é neurótico, talvez lide com isso de forma mais tranquila. A medicina também sabe que o ser humano é complexo e complicado, mas faz de conta que ele não é, e isso não é ingenuidade ou ignorância da medicina, é um passo metodológico. É mais eficiente pensar assim, pelo menos na maioria dos casos. É claro que para o psicanalista, que não tem como responsabilidade, nem objetivo, a supressão dos sintomas, é bem mais fácil lidar com contradições como o diabético que insiste em comer doce, o hipertenso que não para de comer sal, ou o religioso que recusa uma transfusão sanguínea. O aparato teórico do psicanalista o instrumentaliza para lidar com essas questões, e não estamos falando de uma putativa pulsão de morte para explicar os comportamentos rebeldes do paciente. Um paciente diabético que insiste em comer doce pode estar sob a influência do princípio do prazer que o leva a buscar a satisfação imediata, uma espécie de gozo mortífero, e não sob a influência da pulsão de morte que o leva a uma conduta suicida, pelo menos não necessariamente.

O desamparo

O adoecimento é uma vivência de desamparo no sentido freudiano do termo. Entenda-se que desamparo não se refere à falta de assistência, nem a abandono parental ou institucional; ele é um conceito psicanalítico (*Hilflosigkeit*) sobre a condição de insuficiência psicomotora, na qual nasce o bebê humano, incapaz de realizar por sua conta as ações necessárias para sua sobrevivência, e que foi evoluindo ao longo da obra freudiana até passar a designar a condição fundamental da existência humana: a incerteza diante dos desígnios da vida. Deixou de significar apenas o fato de o humano nascer antes da hora, e, portanto, momentaneamente despreparado para sua sobrevivência autônoma, para constituir a ideia de que o ser humano vive para sempre na incerteza, na insuficiência, na precariedade da linguagem, na turbulência da sexualidade, na constante ameaça da doença e da morte: ou seja, vive na falta, pelo menos em termos psíquicos. Assim, para o ser humano o desamparo deixa de ser uma fase no seu desenvolvimento para se transformar em uma característica de sua humanidade, em uma espécie de angustiante companheiro de vida.

O termo alemão *Hilflosigkeit* carrega, na língua cotidiana, vários significados: incapacidade de sair bem de situações difíceis, incapacidade de se virar sozinho, desamparo, abandono e impotência. O reconhecido *Vocabulário da psicanálise*, de Laplache e Pontalis (1988), verte o *Hilflosigkeit* para *état de détresse*, em francês, *helplessness*, em inglês, e, na sua versão em português, para *desamparo*. Também a *Edição Standard Brasileira das Obras Psicológicas Completas* (1996), principal referência entre nós brasileiros para os textos freudianos, o termo *Hilflosigkeit* costuma ser traduzido como "desamparo".

Hilflosigkeit é um dos muitos termos psicanalíticos sujeitos a mal-entendidos, seja por causa das traduções, seja pelo hábito freudiano de escolher palavras da linguagem cotidiana para designar conceitos metapsicológicos. *Hilflosigkeit*, corretamente traduzido como "desamparo" quando consideramos a linguagem cotidiana, é inapropriado conceitualmente, pois nos faz pensar em alguém que foi abandonado por outro alguém, em alguém que não foi cuidado por outro alguém, e não se trata disso. O desamparo se refere a uma insuficiência psicomotora do bebê para resolver suas necessidades, quer dizer, ele ainda não carrega no seu corpo os instrumentos musculares, nervosos e cognitivos que lhe permitiriam realizar as tarifas necessárias à sua sobrevivência. Então, se ele foi desamparado, o foi pela mãe-natureza, que não o dotou adequadamente no momento de lançá-lo no mundo. Um bebê pode ser muito bem cuidado pela mulher que o pariu, e mesmo assim ser desamparado. Mesmo sendo amado, limpo e alimentado pela mãe, ele continua na situação de desamparo para sobreviver sozinho. Ou seja, amado, cuidado e desamparado no mesmo instante, assim somos nós. Teria sido melhor ter traduzido o termo *Hilflosigkeit* por *despreparado*. Lacan (1938), por sua vez, refere-se a essa condição como "[...] deficiência biológica positiva, mas não está propondo renomear o conceito; queremos apenas enfatizar que desamparo deve ser entendido como despreparado, e não como abandonado" (p. 40).

Embora o desamparo não seja um conceito dos mais reconhecidos na psicanálise, não lhe falta consistente elaboração teórica por parte de Freud e, em especial, por Lacan. Segundo Pereira (2000), psicanalista brasileiro que fez minuciosa revisão da obra freudiana em busca da noção de desamparo, a propósito de seus excelentes e recomendáveis estudos sobre os estados de angústia, se Freud não sistematizou o conceito à exaustão, por outro lado nunca deixou de se valer dele como uma referência fundamental, seja no começo de sua obra, como no "Projeto para uma psicologia científica", passando por textos como "A inquietante estranheza", seja em suas reflexões mais tardias, como em "O futuro de uma ilusão" e "Moisés e o monoteísmo", apenas para citar alguns. Lacan foi com certeza um dos primeiros psicanalistas a perceber o imenso alcance teórico da noção freudiana de desamparo. Ele fez da prematuridade biológica, seu jeito de falar do desamparo, a porta de entrada para, nada mais nada menos, a função primordial do outro como estruturador do sujeito, e também reserva em seu famoso grafo do desejo um lugar para o desamparo na terceira etapa desse esquema.

A nossa ideia, no presente trabalho, é que o desamparo não tem apenas importância metapsicológica, ele tem também formidável alcance clínico na cena hospitalar, ou seja, essa ideia pode nos ajudar a ver, entender e cuidar do que se passa com o sujeito em circunstância de adoecimento. O hospital, nas palavras de Moura (2000), "[...] é o espaço onde o desamparo humano pode se presentificar com as mais diversas roupagens" (p. 9). Para nós, o desamparo, companheiro de quem vive, fala, ama, goza e sofre, tem também tudo a ver com a forma como adoecemos, e é uma das bases da abordagem psicanalítica do adoecimento.

Como vimos, são duas as dimensões do desamparo: a biológica, caracterizada pela insuficiência psicomotora, e a existencial, expressa nas incertezas da vida. Podemos também chamar a primeira de desamparo objetivo e a segunda de desamparo subjetivo. Começamos a vida nessa situação de desamparo e a ela voltamos cada vez que adoecemos mais seriamente. O adoecimento remete o indivíduo a um estado de desamparo tanto biológico quanto existencial. Ao adoecer o sujeito revive sua condição de insuficiência psicomotora originária em relação ao seu corpo. Se quando nasceu era incapaz de comandar seus movimentos musculares, agora não comanda seus processos fisiológicos patogênicos. Quando falharam suas ações preventivas, de natureza dietética e de vida saudável, o que pode fazer o diabético para controlar a produção de insulina por parte de suas células pancreáticas? Nem seus processos mentais nem suas ações físicas habituais são eficazes para essa tarefa. O sujeito está entregue ao seu corpo e seus gozos perigosos.

A relação que o homem tem com o próprio corpo tem a marca indelével do desamparo, e na cena hospitalar mais ainda. O corpo humano é perigoso para o sujeito que o habita. Embora os existencialistas enfatizem que viver é mesmo um risco, com ou sem adoecimento, cabe ao psicanalista que trabalha no hospital olhar com cuidado a relação do paciente com seu próprio corpo adoentado. Se para a medicina o corpo é o lugar da saúde e do perigo ligado à doença, para a psicanálise o corpo é também o lugar do gozo entendido como algo da ordem da satisfação (*juissanse*, em francês), que, extrapolando a dimensão do prazer, inclui também dor e sofrimento.

Conforme teorizado por Lacan (1954) em "O estádio do espelho", quando o bebê nasce seu sistema nervoso ainda não está bem desenvolvido, por isso sua sensação proprioceptiva é bastante precária e fragmentada, não permitindo a vivência de um corpo unificado. Para o bebê, o desamparo não permite a experiência imediata de um corpo unificado, e, para o adulto, é justamente o adoecimento que quebra a noção corporal, imaginariamente unificada. Se para o bebê o outro tem, segundo Lacan, a função primordial de lhe dar antecipadamente a experiência da unidade de seu próprio corpo, o médico recebe do adulto, transferencialmente, a investidura para obturar a brecha que o adoecimento evidencia no corpo.

Se a primeira consequência da insuficiência psicomotora é o perigo, a segunda é a dependência. A Declaração Universal dos Direitos Humanos diz que todo ser humano nasce livre. Mas que liberdade é essa de um ser que não anda, não fala, não voa, não se mexe, não consegue comida sozinho e não se livra de ameaças por sua própria conta? Nenhuma, o ser humano nasce em absoluta dependência de seus pais ou cuidadores eventuais. Essa relação de dependência efetivamente vital (não se trata de metáfora, afinal, diferentemente de outros animais, como os cavalos, por exemplo, o animal humano morre se for abandonado a seus próprios cuidados logo ao nascer) produzirá consequências ao longo de toda a vida do sujeito.

Ao dar entrada no hospital, a pessoa coloca-se novamente na situação de uma dependência vital de um outro, dessa vez a figura do médico, demonstrando a íntima ligação da questão do desamparo com a transferência. Quando o ser não pode curar a si mesmo, o outro entra em cena, numa fusão de amor, cuidado e segurança. Em "Inibições, sintomas e ansiedade", Freud (1926) desenvolve a ideia de que "[...] sentir-se amado pelo ser superior representa, no inconsciente, a proteção contra todas as ameaças" (p. 107). A figura do médico surge como ser superior, e isso nos sugere mais uma vertente explicativa para a demanda dos pacientes em relação a seus médicos, demanda de competência e amor. Sobre as demandas do paciente, uma aguçada observação de Moura (2000) toca numa situação bem problemática no cotidiano hospitalar: o paciente que solicita muito:

> No HG observamos que é muito comum o paciente tentar enganar sua demanda de amor com a satisfação da necessidade. É aquele paciente que pede a toda hora "água", "comida", "me vira", "estou com calor", "me cobre", "estou com falta de ar". Este tipo de solicitação às vezes confunde os profissionais que lidam com ele, já que o paciente precisa de aportes que são objetos reais, que vêm para acalmá-lo e que assim precisam ser atendidos. Assim, as pessoas que estão ao redor do paciente podem qualificar estes pedidos como manha, ora atendendo, ora recusando sua solicitação. Isto causa um mal-entendido e um incômodo, ficando uma pergunta no ar: atende-se ou não aos pedidos do paciente? (p. 23).

O desamparo biológico, expresso no corpo em exposição no hospital, não deve capturar tão inteiramente o olhar do psicanalista a ponto de ele não enxergar a face existencial do desamparo. Com muita frequência escutamos comentários do tipo "ele não está lidando bem com sua doença", "ele está lidando mal com a morte da esposa", mas, convenhamos, quem lida bem com essa espécie de coisa, e o que significa lidar bem com isso? Cada um lida como pode, não como deveria, pois, afinal, retomando o dito popular usado por Lacan (1959-1960), "[...] nem o sol nem a morte podem ser encarados de frente" (p. 361).

É sempre da ordem do tropeço o encontro com a doença, nunca é um encontro marcado, apesar de todos saberem que um dia ele se dará. Mesmo nas doenças crônicas, ou nas mortes anunciadas, o que se dá é tão desconcertante, tão diferente do que se imaginava, que resta sempre o susto e as perguntas "por que comigo?", "por que agora?" (perguntas, diga-se de passagem, que revelam a ilusão da existência de ao menos um que não sofreria como o resto dos mortais). O sujeito nunca está preparado para o encontro com o adoecimento; ele chega como uma inesperada rasteira da vida, exigindo do sujeito a coragem para "fazer da queda um passo de dança".[1]

O hospital é um espaço problemático em que o psicanalista depara com pessoas diante de acontecimentos inesperados em suas vidas, acontecimentos estes que, pelo fato de serem inesperados, podem destituir o sujeito de seu ancoramento significante. Na psicanálise usa-se a expressão *ancoramento significante* para designar o conjunto de ideias, termos, histórias, títulos, papeis sociais e definições que uma pessoa usa para criar sua noção de identidade, seu ego. Cada um de nós tem uma série de "eu sou...", "eu faço" que nos explicam, que justificam nossos comportamentos e nossas escolhas, e que dão forma à nossa autoimagem. São elaborações imaginárias e simbólicas, positivas e negativas, às quais nos apegamos ferrenhamente.

1 Frase do romance O *encontro marcado*, do escritor Fernando Sabino.

Pois bem, são exatamente esses fatos e fantasias reais que se vão por água abaixo quando adoecemos e entramos no hospital, no pronto-socorro ou na UTI. O sujeito é obrigado a perceber que, sim, ele pode morrer a qualquer momento, que ele não é um advogado ou professor, mas apenas um corpo perigoso e falho, que ele não comanda mais sua vida, nem nas pequenas coisas. Quando não é o adoecimento diretamente, é o *setting* no qual a medicina se propõe a tratá-lo que vai produzir essa destituição subjetiva. Logo aos primeiros sintomas, mesmo antes de diagnósticos, segundo Angerami (1996), a medicina obriga a pessoa a "[...] deixar de ser sujeito das ações e virar objetos das atenções" (p. 42). Ele não pode mais fazer nada por sua conta, qualquer coisa, mesmo a simples ida ao banheiro, ou comer algo, passa pelo crivo de familiares preocupados e profissionais zelosos: não pode tomar água porque precisa de jejum para fazer um exame, não pode comer isso porque aumenta a pressão, não pode aquilo porque o médico proibiu, e por aí vai.

Para se ter uma pálida ideia da perda de autonomia envolvida na assunção do lugar de doente, imagine que você, que está lendo este livro, sinta vontade de se levantar e ir ao banheiro ou tomar um gole de água. Pois bem, se você estiver no lugar de doente, já não pode fazer isso tranquilamente e continuar a ler o livro; é preciso, no mínimo, pensar se pode ou, na maioria dos casos, enfrentar as recomendações dos familiares ou da enfermagem vigilante. Como você se sentiria? Pois é assim que o paciente internado no hospital passa a se sentir, destituído de algo muito simples e valioso: sua pequena autonomia do dia a dia.

Para a psicanálise, essa crise que destitui o sujeito de seu ancoramento significante é definida como a queda da imagem na qual o sujeito se sustentava. Essa destituição pode se dar de forma gradual, como ao longo de uma análise na qual os significantes já não conseguem mais responder, tamponando a questão sobre o que eu significo para o desejo do outro, ou de forma súbita, como costuma ocorrer no adoecimento, quando a abrupta invasão de afetos angustiantes nos lembra a pertinente metáfora policial "a casa caiu". Na síntese brilhante de Moura (2000, p. 7), "perde-se o eu sou".

Toda essa história de desamparo no hospital pode parecer paradoxal, já que é exatamente para o hospital que corremos em busca de auxílio, ajuda e amparo quando adoecemos. Sim, a medicina ajuda o ser humano doente, mas a ambição da medicina é curar o homem de sua doença, e não de sua condição existencial de desamparado. A medicina cuida mas não desfaz o desamparo, na medida em que não elimina a incerteza. O médico diz "vamos fazer a cirurgia que resolverá o seu problema", e emenda: "esta é uma cirurgia com risco baixo". O risco e a incerteza estão sempre ali; assim, mesmo quando temos cuidados, não estamos amparados, do mesmo modo que quando somos amados também não estamos amparados, embora quando apaixonados somos tomados por essa ilusão. Aliás, em "O futuro de uma ilusão", Freud (1927) comenta que "[...] com referência a distribuição dos destinos, persiste a desagradável suspeita de que a perplexidade e o desamparo da raça humana não podem ser remediados" (p. 27).

A psicossomática

A psicossomática foi, historicamente, a porta de entrada da subjetividade na medicina. A ideia de fatores psíquicos funcionando como causa de certas doenças orgânicas é muito bem-vinda pelo discurso médico porque explica situações clínicas que costumam deixar os médicos desconcertados: pacientes com sintomas ou queixas, mas sem uma causa orgânica reconhecível. Se a natureza tem horror ao vácuo, a ciência tem horror à ausência de causa. Não é possível existir uma doença sem causa, então, se não a encontramos no corpo certamente está no psiquismo, já que outras causas, como espirituais ou sociais, estão fora de questão para o pensamento médico. Nesse sentido, a psicossomática é uma teoria com alta intelectualidade, ou seja, agrada e acalma nossa mente racional, mas, por outro lado, tem baixa clinicalidade, ou seja, quando se parte dela para estabelecer alguma estratégia terapêutica, os resultados são pífios, tanto por parte da medicina quanto da psicologia e da psicanálise. Não temos na atualidade tratamentos minimamente consequentes para os quadros psicossomáticos, geralmente denominados transtornos somatoformes pela medicina psiquiátrica.

Quando conversamos com os profissionais dos centros de estudo e tratamento dos chamados transtornos somatoformes,[2] nos damos conta da mesma realidade: grandes teorizações com poucos resultados clínicos. Ao que parece, os transtornos somatoformes são, no momento, uma doença fora das possibilidades de compreensão, e com resultados terapêuticos nada animadores. Os transtornos somatoformes e as doenças psicossomáticas continuam desfiando e

2 Ambulatório de transtornos somatoformes do Instituto de Psiquiatria do Hospital das Clínicas da Faculdade de Medicina da USP; curso de formação em psicossomática do Sedes Sapientiae, em São Paulo; curso de doenças funcionais do Hospital Israelita Albert Einstein, em São Paulo.

irritando tanto psicanalistas quanto psiquiatras, e em especial médicos clínicos e cirurgiões, que são os especialistas que esses pacientes procuram. Ainda bem que os cursos sobre psicossomática continuam atraindo muitos alunos, pois precisamos mesmo de muito estudo nesse campo.

Mas a psicanálise não é uma psicossomática, embora costume ser confundida com ela no contexto hospitalar. O psicanalista não se dedica a tratar as doenças supostamente causadas por questões psíquicas, ele se propõe a cuidar do sujeito às voltas com o adoecimento. Na perspectiva psicanalítica, a subjetividade está presente em todas as doenças, não necessariamente como causa, mas sempre presente, seja como desencadeante, seja como consequência ou agravante, de forma consciente ou inconsciente. Desse ponto de vista não existe doença sem sujeito. Ele está sempre lá. Pode até não ser levado em conta, como faz o método científico, pode até ser excluído, como tenta a prática médica apressada, mas ele existe e insiste em se manifestar. Basta ter olhos, ou melhor, ouvidos, para escutá-lo, e ele aparece. Consideramos este um ponto nodal do trabalho do psicanalista na cena hospitalar, e que não pode ser descuidado: a psicanálise não trabalha com doenças de causas psíquicas, e sim com os aspectos subjetivos existentes em toda e qualquer doença.

Um psicanalista que tentasse provar a causação psíquica das doenças estaria em sérios apuros, pois a medicina, cada vez mais, encontra causas biológicas para a doença. Até um tempo atrás a gastrite era considerada o paradigma das doenças psicossomáticas, pois se podia demonstrar como o estresse aumentava a secreção ácida no estômago, e esta, por sua vez, levava a uma lesão na mucosa do estômago. Mas isso já não é aceito, pois a medicina descobriu uma bactéria, a *Helicobacter pylori*, que é considerada a causa da gastrite, ou seja, um fator biológico, e não mais um fator psíquico. A medicina biológica é muito gulosa em sua fome explicativa, e o enorme progresso tecnológico lhe permite descobrir fatores biológicos em quase tudo. As doenças autoimunes, por exemplo, outro campo tradicionalmente psicossomático, vai sendo gradativamente desconstruído pela descoberta de vários fatores sanguíneos responsáveis por elas, como, por exemplo, o Fator Reumatoide (FR),[3] que estaria implicado em muitas doenças chamadas autoimunes. Ainda bem que o psicanalista não precisa provar que uma doença tem causas psíquicas para justificar seu trabalho no hospital, basta que ele demonstre que existe subjetividade associada à doença, e isso é sempre possível. Se fosse preciso provar a psicogênese para autorizar o atendimento psicanalítico no hospital, provavelmente não haveria tal atendimento, ou o analista trabalharia com bem poucos pacientes.

Apesar da fama de que "Freud explica", a psicanálise não é uma boa resposta à questão dos somatizadores; ela não consegue atender à expectativa da medicina para explicar, dentro do modelo médico, certas doenças sem causa biológica evidenciavél. Clavreul (1983) fala mesmo de uma inaptidão da psicanálise:

> [...] a psicanálise não atende às expectativas do cientista nem por sua metodologia nem por seus resultados. Muito particularmente, a psicanálise não corresponde às expectativas do médico por sua inaptidão radical (o que quer que pensem

3 Fator Reumatoide é um autoanticorpo, em geral, da classe IgM.

os psicossomáticos) para colocar em relação causal fatos psíquicos com efeitos biológicos, doenças (p. 267).

Outro problema da psicossomática no hospital, além da incapacidade de demonstrar a causação psíquica, é que, em tese, ela não abrangeria aquelas doenças de causa reconhecidamente orgânica, como diabetes, câncer e cardiopatias, que acometem a maioria dos pacientes internados. O analista não está no hospital para atender exclusivamente os pacientes somatoformes, até porque estes se internam pouco, embora frequentem muito o pronto-socorro e o ambulatório. Se a psicossomática é uma porta de entrada da subjetividade, é daquelas portas giratórias que, sem perceber, em vez de deixá-lo entrar, acaba o fazendo sair do ambiente. Os médicos gostam da teoria psicossomática, pois com ela expurgam do discurso médico esses pacientes, enviando-os ao discurso "psi", que fica fora do hospital. Para a medicina, hospital é lugar de gente doente, não de somatizadores – estes devem procurar os psicólogos e psicanalistas nos seus consultórios.

Mas a psicossomática também mudou nas últimas décadas; deixou de ser uma teoria sobre a causação psicológica das doenças para ser uma abordagem holística dos problemas de saúde. Mas essa mudança, por enquanto, só existe na cabeça dos iniciados, estudantes e profissionais da área de psicossomática, pois, para médicos, enfermeiros, outros profissionais de saúde e, principalmente, para os pacientes a psicologia, a psicanálise e a psicossomática são a mesma coisa, a saber: a ideia de que a doença é causada por algo psíquico encoberto. Psicossomática ainda é o significante-mor na cena hospitalar, para o bem e para o equívoco.

A causa

O pensamento causal, um dos elementos que diferenciam o ser humano de outros animais (ao lado da linguagem e do manejo do fogo), é um instrumento valioso na jornada humana em busca da sobrevivência e da conquista da natureza. A ciência é causal, e o ser humano também, é quase um imperativo lógico, e assim, ao adoecer, o sujeito se questiona, dentre outras coisas, sobre a causa do seu mal. Fundamentado na crença de que cada doença tem uma causa natural, e que sem causa natural nenhuma doença acontece, o médico se obriga a pesquisar, à exaustão, as causas biológicas das doenças. Mesmo na psiquiatria, em que se poderia supor um elemento não biológico desempenhando papel importante na gênese das doenças, a visão biológica vem se tornando hegemônica como discurso. Fala-se em causas infecciosas, por exemplo, para a esquizofrenia e o TOC (seria um vírus o responsável pelas alterações no neurodesenvolvimento fetal que levaria à psicopatologia típica desse transtorno).

A psicanálise, por sua vez, busca sua causalidade no campo do psíquico, do simbólico, sem negar a dimensão biológica, demonstrando que o que caracteriza uma disciplina é a ênfase, o foco em um determinado aspecto, e não a asserção sobre a inexistência de outros aspectos. Mas a distinção biológico *versus* psíquico não é a única diferença entre a medicina e a psicanálise no campo etiológico; há uma outra, de natureza lógica, que costuma criar muitos problemas no hospital. Causa é uma palavra que quando empregada por médicos tem sentido distinto de quando empregada pelos psicanalistas.

A medicina usa a palavra *causa* no sentido daquilo que vem antes e sem o qual o evento em questão não acontece. Se afirmo que "a" causa "b", então "a" tem de existir antes de "b", e sem "a" não haveria "b". Do ponto de vista filosófico, estamos falando da causa antecedente e da causa necessária. Se a medicina propõe que a causa da Aids é o HIV, implica que primeiro é preciso contrair o vírus para se desenvolver a doença, e que sem esse vírus não há Aids; pode até haver outra doença parecida, mas não Aids. A medicina se esmera para aperfeiçoar esse sentido rigoroso da palavra causa, às vezes até forçando a barra, como vimos anteriormente a respeito da psicossomática, criando categorias como "supostas causas psíquicas" apenas para manter a correção do raciocínio lógico baseado na ideia de causa e efeito.

A psicanálise, por seu turno, adota uma noção de causa bem diferente daquela adotada pelo modelo médico, como, por exemplo, a causa *a posteriori*, em que apenas um segundo momento, no futuro, é que vai determinar se o evento do primeiro momento torna-se patogênico ou não; ou então a noção de determinação, na qual entra em jogo uma complexa série de fatores. A medicina procura usar a palavra causa o mais exatamente possível, tomando-a no sentido de causa-e-efeito, enquanto a psicanálise se permite usá-la de forma aproximada, tomando-a no sentido de tem-a-ver. Quando um psicanalista diz "isto tem causas psíquicas", estaria dizendo, na verdade, "isto tem a ver com o psíquico". Um médico não, quando fala de causas psíquicas quer pensar o psíquico da mesma maneira que pensa uma bactéria causando uma pneumonia. Quando um médico faz uma afirmação etiológica, ele geralmente está em condições de demonstrá-la, mas um psicanalista, quando diz que isso tem causas psíquicas, tem muitas dificuldades para objetivar sua afirmação.

"Eu tenho 35 anos e um câncer de mama." Foi assim que Elisa se apresentou quando a psicanalista entrou em seu quarto. O atendimento havia sido solicitado pela família, achando que ela precisava conversar com alguém sobre tudo o que estava acontecendo, e ela gostou da ideia, aliás, ela fazia análise havia dois anos, desde a época de seu divórcio. Foi uma separação litigiosa, bem complicada, com muitas brigas, ameaças de violência, escândalos na frente de seu apartamento, disputa pela guarda do filho e muitos problemas financeiros. Ela contou que resolveu se separar porque vivia em "um verdadeiro inferno" devido ao ciúme do marido e seu temperamento muito controlador. Ele implicava até com a relação que ela tinha com suas duas irmãs, que eram bem próximas. Elisa era advogada e o marido queria que ela abandonasse o escritório onde trabalhava para ficar em casa cuidando do filho. A vida sexual, que era uma das coisas boas da relação na época do namoro e nos primeiros tempos do casamento, foi se desgastando e no final "já nem existia, só brigávamos", ela explicou. "Ultimamente as coisas até que estavam mais calmas, ele estava se conformando com a separação e tinha iniciado um namoro com outra mulher, mas aí veio esta coisa do nódulo da mama."

Há mais ou menos dois meses Elisa descobrira, pelo autoexame, um pequeno nódulo na mama esquerda. Feitos os primeiros exames e a punção com biópsia, os médicos recomendaram a cirurgia considerando o histórico de câncer de mama que havia na família de Elisa. A psicanalista atendeu Elisa diariamente durante as duas semanas em que ela permaneceu no hospital, e o tema das conversas variava entre o medo da cirurgia, as fantasias sobre como seria a vida sem o seio, e as questões relacionadas à separação que, embora resolvida do ponto de vista prático, emocionalmente ainda a mobilizava muito. E Elisa juntava os dois temas em seus questionamentos. Justamente agora que estava se preparando para refazer sua vida afetiva, começando a sair com outras pessoas, vinha esse problema, que ela sabia, iria deixá-la inibida sexualmente. Ela sentia-se um pouco culpada em relação aos problemas causados ao filho com a separação e se perguntava: "Estou me punindo?". "Está se punindo?", pergunta a psicanalista de volta, ao que Elisa respondia sem muita convicção: "Não sei, talvez". Era um tempo de ver e de entender no atendimento, não era hora ainda de conclusões.

O caso de Elisa foi escolhido para ser apresentado na reunião clínica semanal da equipe de mastologia. Enquanto preparava a sua parte na apresentação do caso, a psicanalista encontrou um artigo do American Journal of Medicine *que mencionava que as mulheres separadas tinham uma prevalência de câncer de mama maior do que as casadas. A partir de suas conversas com Elisa e dessa referência bibliográfica, a psicanalista considerou que talvez esse câncer tivesse a ver com a separação, mas foi precavida e não se aventurou a afirmar que a separação havia causado o câncer quando lhe perguntaram, na reunião clínica, o que ela tinha a dizer sobre o caso. Se ela tivesse feito tal afirmação causal, teria se colocado em uma situação difícil de sustentar, pois no final da reunião o patologista da equipe mencionou que, pela biópsia e pelo estudo histoquímico do tumor retirado da mama de Elisa, era possível estimar que o câncer teria começado há uns três anos. Então, vejamos, se a separação se deu há dois anos, portanto, após o início do tumor, ela não poderia ser colocada como causa do problema; a causa era uma alteração genética que Elisa apresentava, bem como sua mãe e sua irmã mais velha, que já tinham sido mastectomizadas.*

Mas então o trabalho publicado no *American Journal* estava errado? Não necessariamente. O que o artigo afirmava era que existia uma correlação entre o câncer de mama e a separação: mulheres separadas tinham mais câncer de mama do que mulheres casadas. Mas esse achado não permitia afirmar que tal correlação era uma relação de causa-e-efeito; a separação poderia muito bem funcionar como agravante ou desencadeante de um processo latente, e não como causa. É razoável supor que o fator psíquico tem relação com a doença e o adoecimento, e nesse caso, além de razoável, é cientificamente comprovado, então o psicanalista poderia afirmar que a separação tem-a-ver com o câncer de Elisa, mas não poderia afirmar que a separação causou o câncer. Em relação às categorias conceituais de desencadeante e agravante, os "tem-a-ver" são mais adequados ao discurso psicanalítico do que o termo *causa*, devido às conotações lógico-filosóficas que a este são associadas no hospital. Do ponto de vista da lógica, enquanto disciplina filosófica, a causa como entendida pelos médicos é antecedente e necessária, e a causa como pensada pelos psicanalistas é contingente e simbólica. Quando esses dois sentidos se cruzam desavisadamente no hospital, levam a muitas dificuldades conceituais.

No caso de Elisa, o psicanalista escolheu acertadamente passar ao largo da palavra causa, pelo menos em seu sentido médico, recusando-se ao debate ingênuo sobre se o câncer tinha causas físicas ou psíquicas, desvencilhando-se da necessidade imaginária de que precisa provar a existência de causa psicológica para atender a paciente, e concentrou-se nos significados que Elisa atribuía ao câncer. Este é um passo estratégico a ser cultivado pelos psicanalistas que trabalham em hospital: diante da questão sobre se a doença é física ou psíquica, reconhecendo os limites de seu saber, responder que não sabe e passar à questão seguinte, que lhe diz mais respeito – como é possível intervir psiquicamente em relação a essa situação de adoecimento?

Se o psicanalista não pode provar a existência de causas psíquicas nas doenças, pode, sempre, sempre mesmo, provar a existência de significados psíquicos em toda e qualquer doença. O ser humano atribui significado para tudo o que vive, tudo mesmo, inclusive suas doenças, sejam elas com ou sem causas físicas evidentes, com ou sem causas psíquicas supostas. Certa vez, uma paciente, comentando sua situação amorosa, disse: "Ser inocente é uma merda". Ela estava referindo-se ao fato de que, pior do que ouvir o namorado dizer que queria terminar o namoro porque ela era muito ciumenta (afinal, ela sempre poderia prometer não ser mais ciumenta e reverter a situação), era ouvir dizer: "Acho melhor a gente terminar, mas não tem nada a ver com você, você é uma mulher maravilhosa, sou eu que não sirvo para você". É que a inocência é irmã da impotência, tem tudo a ver com a castração. Resumindo e reafirmando, o psicanalista tem sempre algo a fazer com os pacientes, trabalhar com os significados que o sujeito dá ao seu adoecimento, e não depende, em absoluto, da psicogênese para realizar esse trabalho.

A ética da psicanálise

Falar de ética da psicanálise é dizer de seus objetivos, das coisas que ela valoriza e pelas quais justifica seu trabalho, é dizer das posições escolhidas diante do sofrimento, e aqui, em especial, diante do adoecimento. O que quer a psicanálise no hospital? A resposta a essa pergunta é: sua ética.

Para clarificar o conceito de ética convém distinguir três noções que costumam se confundir: ética, moral e lei. A *moral* se refere aos costumes e às práticas ligadas às tradições, e geralmente é transmitida de forma oral; a *lei* é uma proibição ou regulamentação bastante explícita, que foi escrita e instituída por alguma autoridade formal, e geralmente encontra-se compilada nos códigos legais; já a *ética* refere-se às escolhas do indivíduo em relação a como se comportar na vida com seus semelhantes. Essas noções são parecidas, na verdade se interpenetram. A lei, por exemplo, costuma ser extraída das tradições, mas não são sinônimos, não se referem à mesma coisa. Na ética, o sujeito responsabiliza-se por suas escolhas, arcando com as consequências, já na lei e na moral, o sujeito usa as duas para se desresponsabilizar individualmente. Ele diz: "A lei manda" ou "É assim que se costuma fazer", mas na ética há de se dizer: "Eu escolho fazer assim e me responsabilizo".

A ética da psicanálise é a ética da subjetividade, ou seja, na cena do adoecimento a psicanálise escolhe sustentar a presença do sujeito, elegendo-o como seu objeto, e essa escolha vai influenciar tanto seus objetivos e estratégias quanto sua técnica. O seu objetivo, por exemplo, é definido como a tarefa de ajudar o sujeito a fazer a travessia do adoecimento. Na verdade, o psicanalista faz no hospital o que faz em qualquer lugar, que é favorecer a emergência do sujeito do inconsciente sem pretender, como Freud já assumia em sua época, resolver os problemas globais da existência, criando uma espécie de filosofia ou, no nosso caso aqui, sem pretender resolver todos os problemas de saúde do paciente, e muito menos resolver todos os problemas da cena hospitalar.

No hospital, templo da cura, cena na qual tudo está organizado para salvar vidas, chama a atenção que o objetivo da psicanálise não seja a cura. Em certo sentido, chega a ser escandaloso, do ponto de vista da ética médica, que uma clínica que não compartilha desse objetivo se instale dentro do hospital. Acontece que essa visão de que a ética da medicina é a ética da cura é uma visão apressada e superficial. No fundo, não é isso, porque, se fosse realmente assim, o que faria a medicina com os pacientes que não têm cura, com os portadores de câncer, Aids, diabetes, hipertensão, de todas as doenças sem cura no momento? A verdadeira ética médica é a ética do cuidado, como expressa há mais de 2 mil anos no aforismo hipocrático: "Curar sempre que possível, aliviar quase sempre, cuidar sempre".[4]

Essa também é a ética da psicanálise, uma ética do cuidado, que não é contra a cura, é além da cura, pois sabe que esta nem sempre é possível. A etimologia da palavra cura admite extensa conotação em latim, mas seu significado básico é cuidar. Para a psicanálise, como afirma Lacan (1953-1954), "a cura vem por acréscimo" (p. 141). Se a ética da psicanálise é clara, incluir a subjetividade na cena hospitalar, sua estratégia, ou seja, o como fazer isso, não é nada claro. Existem diferentes possibilidades, pensadas e praticadas na atualidade, mas todas elas ainda polêmicas e necessitando de pesquisas teóricas e clínicas para se firmar.

4 "*Medicus quandoque sanat saep lenit et semper solatium est*" (Hipócrates *apud* Rezende, 2009).

Para começar, é mais interessante incluir a subjetividade no interior do discurso médico-científico, ou é preferível criar e sustentar um outro discurso à parte, e, nesse caso, esse à parte é uma alternativa ou um caminho em paralelo ao modelo médico-científico? Será que é possível aliar a eficácia prática da medicina com a valorização da subjetividade, ou a eficácia da ordem médica é devedora fundamental da exclusão da subjetividade? E se não for possível a inclusão da subjetividade no âmago do discurso médico, o que faz o psicanalista na cena hospitalar, cria uma "outra cena" paralela a esta?

Aqueles que apregoam o discurso da humanização da medicina parecem acreditar ser plausível incluir a subjetividade na medicina científica, mas alguns autores assumem posição contrária. Clavreul (1983), como vimos anteriormente, argumenta que "[...] a medicina não leva em conta esse mal-estar subjetivo, e faz isto com justa razão porque o discurso médico não se sustenta senão por sua objetividade, sua cientificidade, que é seu imperativo metodológico" (p. 30). Ao comentar a dificuldade que a medicina tem para tratar os sintomas histéricos e os chamados transtornos somatoformes, Coutinho Jorge (1983) também aponta em direção a uma dificuldade estrutural para a inclusão da subjetividade na medicina, ele diz que "[...] é impossível conciliar psique e soma no campo do discurso médico" (p. 23).

Evidentemente que Clavreul e seu comentarista Coutinho Jorge não estão justificando, ou defendendo, a exclusão da subjetividade, mas chamando a atenção para o fato de que é somente pela via problemática e desestruturante da mudança de discurso que isso poderá se dar, e não apenas por um acréscimo humanitário ou de boa vontade dos médicos que a subjetividade passará a ter mais importância na cena hospitalar. Vamos insistir neste ponto: é por uma mudança do discurso do mestre ou do universitário, para o discurso do analista, que a subjetividade conquista lugar válido na cena hospitalar; sem essa mudança ela, a subjetividade, é apenas educadamente convidada a se sentar na sala de visita e por pouco tempo, não adentrando a intimidade do quarto do paciente.

Paradoxalmente, a presença da psicanálise no hospital poderia gerar uma desumanização ainda maior da medicina propriamente dita. Por um lado, a psicanálise pode levar a medicina a se interrogar sobre a questão da subjetividade do paciente, mas por outro corre o risco de fazer exatamente o contrário, pois, ao dispor de um especialista em subjetividade ao seu lado, o médico se autoriza a pensar menos ainda nisso, afinal, há quem cuide dessa questão. Esta é a lógica das especialidades médicas. O cirurgião cardíaco, diante de um problema de pele, rapidamente chama o dermatologista da equipe para cuidar disso, enquanto ele mesmo se concentra nos detalhes do músculo cardíaco. Os pacientes já estão acostumados a esse arranjo, já esperam isso de cada médico, e está ficando comum os médicos perguntarem para o paciente "mais alguma problema?" e ouvirem "não, doutor, da sua parte é só isso".

Então estaria tudo certo, afinal o paciente está sendo tratado como um todo, se não fosse o fato de que a subjetividade não pode ser uma parte do paciente, mas está presente em todas as suas partes. A subjetividade é mais parecida com a luz que ilumina um ambiente – se espalha em todo o ambiente. Então, cada médico que se aproxima do paciente teria que se preocupar um pouco que fosse com a luz que ilumina o corpo que ele vai examinar.

No entanto, existem posições mais otimistas em relação à inclusão da subjetividade na medicina, como a de Marisa Decat de Moura (2000), pioneira na psicanálise em hospitais no Brasil, que nos sugere pensar em Freud e sua relação com os neurologistas diante das histéricas. Ela argumenta que, ao dar atenção às histéricas, "[...] Freud não ficou em oposição à ciência positiva, mas recuperou o que esta eliminava: as superstições e as crenças" (p. 4). Essa linha de pensamento considera que o discurso médico-científico não precisa ser impermeável à subjetividade, que ele pode assimilá-la de alguma maneira.

Dizer, como faz Clavreul, que o médico não tem o que fazer com a subjetividade porque ela não está prevista no método científico só é verdade se estivermos considerando apenas a face científica do médico (o médico-cientista), e esquecendo que existe uma face clínica em todo médico. Clínico é todo aquele que se debruça, se inclina, em direção a alguém que sofre e demanda ajuda. E essa ajuda pode ser prestada com base em várias coisas, pode ser fundamentada na ciência, mas pode ser fundamentada na intuição, na tradição, na espiritualidade, na especulação, na criatividade, em muitas coisas. É certo que a medicina atual se baseia na ciência, mas não só. Quando nos referimos ao médico-clínico podemos ver que sua prática não é apenas ciência; ela tem um tanto de arte, a "*ars curandi*". O que Clavreul parece não levar em conta, ao concluir pela impossibilidade da subjetividade na medicina, é que, embora a pesquisa médica seja baseada na ciência, a medicina não é uma ciência, ela é uma clínica, que até pode se basear no método científico, mas não se esgota nele, como descobre qualquer residente de medicina ao começar o seu treinamento médico e deparar com as forças emocionais presentes no seu paciente influenciando o desfecho das terapêuticas cientificamente orientadas. Talvez a subjetividade não tenha lugar no método científico, mas certamente pode ter na medicina. Se a subjetividade não é necessária do ponto de vista do método científico, é fundamental do ponto de vista da clínica. Enquanto a ciência é a busca de um saber racional e válido universalmente, a clínica é o cuidado de um ser singular que se encontra em sofrimento, e quando se trata do singular a subjetividade é tão importante que é quase um sinônimo. Na verdade, a medicina é como o deus Janus, de dupla face, uma voltada para a ciência, outra voltada para o paciente.

Vejamos um exemplo prático dessa dupla visada. O patologista no microscópio querendo saber se um tumor tem ou não características de malignidade não precisa se preocupar com a subjetividade, mas o oncologista parado na porta do quarto do paciente preparando-se para lhe dar a notícia de que ele tem câncer, sem dúvida, sabe muito bem como contam as emoções e a história de vida do paciente para o tratamento. Se não conta no diagnóstico, a subjetividade é fundamental no prognóstico. Para o diagnóstico nosológico (saber qual doença acomete o paciente), a subjetividade pode não contar muito, mas para tratar essa doença em um paciente singular a subjetividade ganha contornos bem mais importantes. Dissemos anteriormente que o médico descuida da subjetividade não porque ela seja humanamente desimportante; ele sabe que não é, apenas é medicamente desimportante. Então, por que gastar tempo com algo que em nada mudará sua conduta? Porque ela modifica o desfecho. Já é bastante estabelecido que o estado de ânimo do paciente acaba influindo no resultado do tratamento, seja ele medicamentoso, seja cirúrgico. Além disso, o diagnóstico nosológico, aquele que identifica a doença que acomete o paciente, não é tudo na avaliação médica, posto que a situação psíquica e o contexto familiar do paciente influem muito no enfrentamento e no tratamento da doença. Insistimos que, se a subjetividade não conta para o diagnóstico, ela é de grande importância para a terapêutica.

A psicanálise pretende incluir a subjetividade na concepção biológica da medicina, mas com isso não se alinha ao chamado movimento holístico; ela não cuida do ser humano como um todo. A medicina também não faz isso; aliás, nenhuma abordagem cuida do ser humano como um todo, pela simples razão de que isso não é possível de ser feito. Pensar o ser humano como um todo até pode ser possível, mas ninguém consegue cuidar ao mesmo tempo de todos os aspectos do homem. Você não pode entrar no mesmo prédio por várias portas ao mesmo tempo; se ao entrar pelo portão leste se lembrar de que existem muitos outros portões, já estará ótimo. Só existe visão holística. A prática é sempre pontual, incide em certo ponto; os efeitos podem ser sistêmicos, globais, holísticos, mas não a ação. Defendendo uma espécie de articulação entre níveis diversos de intervenção, e não uma espécie de panaceia, Clavreul (1983) diz que "[...] seria bom não tentar construir uma dessas torres de babel onde, sob o pretexto de fazer uma medicina do homem total, não se pode registrar senão o fracasso resultante da confusão de línguas" (p. 34). A psicanálise não é uma psicossomática e também não é uma holística.

Outro aspecto que também pode ser considerado escolha ética da psicanálise é a singularidade. O psicanalista trabalha no caso a caso, sabendo que cada um enfrenta o adoecimento do seu jeito, enfrenta como pode e não como deveria. Entendemos que não existe o jeito certo de adoecer, e que o objetivo do psicanalista é ser uma espécie de acompanhante na travessia do adoecimento, nunca o guia. Não é no lugar de mestre ou de professor que trabalha o psicanalista. Não se trata de ensinar ao paciente como viver a doença, pois não sabemos qual é a melhor maneira; trata-se de ajudá-lo a descobrir sua maneira possível de fazer isso, e acompanhá-lo no que for também possível. Sobre este tema vejamos a seguinte formulação de Carvalho e Couto (2011):

> O ato analítico convida o sujeito a caminhar a seu modo, e o que visa não é da ordem de uma adaptação, mas que cada um possa encontrar uma solução particular diante do sofrimento, do conflito, das situações geradoras de angústia (p. 117).

Cada um adoece com o que tem, com sua história e também com suas neuroses e sintomas. O psicanalista trabalha com essa suposição, mas ciente de que o hospital não é o local, nem o adoecimento é o momento, para se resolver tais questões (neuroses e sintomas do paciente); a clínica psicanalítica no hospital não almeja uma transformação do sujeito. Essa transformação às vezes acontece, pois, ao atravessar o adoecimento, o sujeito não sai do outro lado do mesmo jeito que entrou, mas isso é consequência, não uma meta a ser perseguida, como se dá em uma análise tradicional. O atendimento no hospital não pode ser usado como a porta de entrada para o consultório do analista, seja ele privado, seja no ambulatório ligado ao hospital. Consideramos um erro ético e técnico agir assim. A prática psicanalítica no hospital deverá ser capaz de produzir seu próprio efeito, mesmo com todas as limitações impostas pelas circunstâncias, e se não for capaz então é melhor retirar-se silenciosamente da cena, deixando no máximo um cartão de visitas para um futuro encaminhamento, se for o caso, no momento da alta do paciente.

Aqueles clássicos objetivos de uma análise conduzida no consultório precisam ser realisticamente considerados na clínica psicanalítica levada a cabo no hospital para se evitar uma transposição automática de ideais inatingíveis. Levantar o recalque, suprimir a amnésia e tornar o inconsciente acessível à consciência através da interpretação continuam sendo um ideal psicanalítico, mas falando francamente podemos dizer que estes não são bons objetivos para o psicanalista que trabalha no hospital. Mesmo no consultório, como afirma Freud (1903), "[...] é raro que um tratamento possa ser levado tão longe" (p. 239). Já o propósito de fazer surgir o sujeito, de promover a retificação subjetiva, de lidar com a falta e com a castração parecem ser objetivos clínicos que podem migrar do divã para o leito hospitalar de forma proveitosa. A psicanálise está sempre lembrando, a cada momento, que o mundo é incompleto, e que há um sujeito que precisa se responsabilizar por isso, embora não tenha causado isso.

Essa separação dos objetivos da psicanálise no consultório e da psicanálise no hospital é um dos correlatos da afirmação que fizemos anteriormente e que se constitui em uma das principais teses deste livro: há psicanálise na cena hospitalar, porém não há análise. Só chamamos de análise um atendimento clínico com características bem marcadas. Segundo Freud (1913), no texto "Novas observações sobre a técnica da psicanálise: o início do tratamento", a análise, teria quatro condições fundamentais: as entrevistas preliminares, o divã, a questão do tempo e o pagamento. Pois bem, quantas dessas condições se realizam no hospital? Nenhuma. O paciente não paga diretamente pelo atendimento; leito não é divã, pois, embora sirva para se deitar, não oferece privacidade nem coloca o clínico fora do campo de visão do paciente; o tempo é aleatório tanto na frequência quanto na duração; e não cabe falar em procedimentos preliminares, preparatórios, pois muitas vezes os atendimentos não passam de poucos, não sendo raros os atendimentos únicos. Não é todo atendimento prestado por um psicanalista que merece ser chamado de análise; fazer isso seria desconsiderar as especificidades da análise como encontro altamente estilizado, elaborado ao longo de mais de um século de prática e teorização, com procedimentos e efeitos bem específicos. Por outro lado, qualquer atendimento clínico que se fundamente na livre associação e na escuta sustentada a partir do discurso do analista pode ser chamado de psicanalítico. O que há no hospital é um atendimento clínico que pode ser chamado psicanalítico por se fundamentar nas noções de sujeito, inconsciente, singularidade do desejo, desamparo, falta, entre outras, e por operar pela escuta e pela associação livre, e com o clínico assumindo o discurso do analista, que são as marcas distintivas da psicanálise.

Os quatro discursos

Para além das singularidades individuais, a psicanálise distingue modos de funcionamento, que por guardarem algumas características comuns são agrupados sob a denominação de discurso do mestre, discurso do cientista, discurso do analista e discurso do histérico, assim denominados e teorizados por Lacan (1969-1970) no livro 17 de seus seminários, intitulado "O avesso da psicanálise". O discurso é uma estrutura, um jeito de organizar as comunicações, os vínculos sociais, e as relações do sujeito com significantes e objetos relevantes, sendo simultaneamente intrassubjetivo e relacional. O discurso funciona assim: um *agente*, baseado em uma *verdade* que o sustenta, o justifica e o autoriza, dirige-se a um *outro*, agindo ou falando, e com isso produz algo, um *efeito*, uma consequência. Estas são as quatro posições de um discurso: o agente, a sua verdade, o outro e o efeito, posições que podem ser ocupadas por uma pessoa, um grupo, uma instituição, ou uma ideia.

agente o outro

---

a verdade a produção

Vejamos como essa teoria dos quatro discursos, proposta por Lacan, aplica-se à questão do adoecimento. A atividade clínica pode ser entendida como o movimento de um agente em direção a um outro que sofre e demanda ajuda. Esse movimento é baseado em uma verdade que o sustenta e o orienta, podendo ser um conhecimento ou simplesmente uma intuição, e pretende alcançar algum efeito nesse outro – alívio, cura ou outra coisa. Assim, o trabalho de um clínico, seja ele um médico, seja um psicanalista, é feito sempre a partir de uma posição estratégica que ele assume em relação ao paciente, ao conhecimento, ao poder, e em relação ao saber fazer. Chamamos de estratégica pois não é uma ação, mas uma posição de onde se age. Aplicando a teoria lacaniana dos quatro discursos ao cenário do adoecimento, temos o seguinte.

- Discurso do mestre. *Na minha experiência...* O médico sabe o que faz o paciente sofrer, e sabe a partir de sua sabedoria pessoal, de sua imensa capacidade, não fazendo referência a nada nem a ninguém para validar tal conhecimento, a não ser sua própria maestria, ou quase divindade. É comum os pacientes agradecidos dizerem "doutor, é Deus no céu e o senhor na Terra". *Sabe porque sabe.*

- Discurso do cientista. *Segundo a literatura...* O médico sabe, mas não a partir de sua pessoa ou de sua experiência, e sim fundamentado na ciência, que existe antes e independente dele, no seu profundo conhecimento sobre os trabalhos científicos de muitos outros médicos. É a medicina baseada em evidências. *Sabe porque conhece.*
- Discurso da histérica. *Doutor, eu sei que o senhor sabe.* O paciente instala o médico no lugar do suposto saber e espera que ele, o médico, não apenas o leve à cura mas que se responsabilize por sua felicidade. *Sabe para ser salvo.*
- Discurso do analista. *Mas... e aí?* O médico faz semblante de que sabe, mas gradualmente conduz o paciente a uma descoberta desconcertante: ele, o paciente, detém um conhecimento sobre si mesmo sem o qual não há cura possível. *Sabe para fazer saber.*

Como vimos no primeiro capítulo, o modelo médico funciona a partir do discurso do mestre e do cientista, mais este do que aquele. Antigamente a figura do médico de família correspondia ao discurso do mestre, mas hoje os médicos cada vez mais jovens, portanto, inexperientes, são, entretanto, muito instruídos, estudam muito e, valendo-se da experiência acumulada através de pesquisas e publicações, produzem uma medicina de qualidade adotando o discurso do cientista. A frase que confere autoridade e segurança no hospital é "segundo os últimos estudos...".

Clavreul (1983) comenta essa oscilação. Para ele, no essencial o discurso médico é o discurso do mestre:

> [...] no estabelecimento do diagnóstico e do prognóstico, na pesquisa, na sua constante posição de conquista em relação ao desconhecido da doença, mas é também discurso do cientista, enquanto, a partir do saber constituído da medicina, oferece a terapêutica como um benefício que restitui ao doente. Isto constitui a essência do discurso médico propriamente dito, o qual oscila continuamente do discurso do mestre ao discurso do cientista (p. 175).

Os discursos do mestre e do cientista funcionam pautados no modelo da ética instrumental, definida como a ética que lida com objetos da natureza, visando prever, predizer e controlar experimentalmente aquilo que é estudado. É assim que o médico costuma conceber o paciente, como o objeto de seus estudos e cuidados. Ele, o médico, é quem sabe; ao paciente cabe apenas oferecer seu corpo, sem opinião, sem fala, sem desejo. É interessante notar que, historicamente falando, a psicanálise nasceu dentro do discurso do mestre e do cientista, mas migrou, ou melhor, inventou o discurso do analista. Pinto (2011) nos conta essa interessante metamorfose do mestre em analista:

> A psicanálise é filha da ciência e sempre esteve submetida a um ideal científico exterior a sua práxis, baseado no pressuposto do determinismo dos fenômenos [...] e que fosse capaz de sustentar uma clínica que produzisse alívio ao sofrimento dos pacientes, isto é, Freud pretendia fundar uma disciplina que se tornasse um campo de conhecimento e que compartilhasse objetivos de observação, previsão e controle das doenças psíquicas. Mas, rapidamente, Freud percebeu que atuar como

> um médico para resolver o problema que ele denominou divisão da consciência não resultava na eficácia pretendida. Por mais que sua teoria fosse razoável e que ele tivesse um bom domínio de sua técnica, a transformação do paciente em objeto de seus conhecimentos não produzia efeitos. Freud percebeu que a porção inconsciente daquela divisão é ativa e participa da formação dos sintomas. Para obter os efeitos pretendidos o resultado depende do engajamento do paciente na resolução de seus problemas, isto é, depende de sua coragem em ser sujeito, e não objeto de um saber que lhe é exterior (p. 21).

O discurso é um lugar, uma posição, não é um título acadêmico ou uma profissão, então qualquer um pode ocupar essa posição passando a falar e atuar a partir dela. No hospital o psicanalista muitas vezes encontra-se tão enredado no modelo médico que acaba ela mesmo atuando dentro do discurso do mestre e do cientista. Vamos citar alguns exemplos magistralmente colhidos por Figueiredo (2002):

> [...] ele ainda não tem sexualidade definida (dito por uma psicóloga sobre um rapaz de 18 anos internado com diagnóstico de dependência química); vamos controlar sua insônia (dito por um médico); o paciente não se adéqua ao tratamento devido a sua hiperatividade (dito por uma terapeuta ocupacional), o senhor tem que entender que isto que o senhor sente é da sua doença (dito por uma assistente social a um paciente que se queixava de sensações estranhas em seu corpo). Ou ainda frases que revelam quase caricaturalmente uma causação psíquica, mas são incorporadas à ética instrumental, como "o problema dele é que tem um complexo de Édipo não elaborado", "o medo que a senhora sente é porque não consegue se desvencilhar de sua infância (p. 63).

Vejamos uma situação de relevo do discurso da histérica e do psicanalista. Muitas vezes as pessoas se perguntam diante do surgimento de uma doença: "O que a vida quer me ensinar com isto?". Nada, a vida não quer ensinar nada, mas você pode querer aprender alguma coisa. Essa afirmação faz parte do discurso do psicanalista. Muitas vezes as pessoas, ao enfrentarem o surgimento de uma doença grave, ou a perda de um ente querido, reagem com a referida pergunta. É uma forma reconfortante de enfrentar as misérias da vida, e pode ser bastante útil nas horas mais angustiantes. Se for verdade que "na hora do vamos ver" quase todo mundo chama por Deus ou pela mãe, mesmo que sej a ateu ou órfão, deve ser porque, ao adoecermos, nos tornamos um pouco histéricos ou, no mínimo, adotamos temporariamente o discurso histérico. É bastante histérica a ideia de que há alguém no controle e que resolve nos ensinar algo responsabilizando-se por isso. O outro, no caso, a vida, sabe o que eu preciso e resolve me ensinar. Além disso, essa ideia confere um sentido a algo que angustia pela sua falta de sentido, a doença e a morte, a castração na linguagem psicanalítica.

No discurso do psicanalista há um aprendizado, mas não precisa haver um professor, ou um mestre. Para a psicanálise todo mundo é aluno, inclusive o psicanalista, a única diferença é que ele faz semblante de mestre, de cientista, de histérico, como uma técnica, denominada sujeito suposto saber, para levar o paciente a essa descoberta paradoxal: é ele que pode saber sem que ninguém tenha que lhe ensinar. Há o aluno que haverá de aprender algo, mas não há ninguém querendo ensinar nada, é o aluno que insiste em tirar algo de positivo de uma experiência geralmente tida apenas como negativa, o adoecimento. Há, entretanto, alguém que favorece e provoca esse aprendizado, o psicanalista. Através da escuta, da pergunta, às vezes da interpretação, poucas vezes do ato, o psicanalista ajuda o paciente a aprender sem que ele tenha que ensinar.

Ser psicanalista, entretanto, não é se instalar firmemente no discurso do analista, e daí não sair por nada neste mundo. Não, longe disso, o analista é alguém que caminha em direção ao lugar de analista, e quando consegue chegar fica lá por pouco tempo, apenas o suficiente para produzir algum efeito, e rapidamente é tirado de lá pelo discurso do paciente que insiste em buscar um mestre, um cientista, ou, no caso do hospital, um salvador. O que é bastante natural, afinal ninguém vai ao hospital para aprender nada; vai-se ao hospital em busca de sobrevivência, e pode-se até acabar aprendendo, é certo. O trabalho do psicanalista é um movimento, um processo, e nunca uma posição, é mais parecido com uma dança do que com uma postura fixa. O psicanalista balança na ventania produzida pela fala do paciente, procurando equilibrar-se por alguns instantes no discurso do psicanalista e aceitando abandoná-lo para novamente recomeçar o caminho em direção a ele. Ou seja, o analista precisa transitar entre todos os discursos em direção ao discurso do analista, é preciso saber fazer semblante de mestre, de professor etc. Para Lacan (1972-1973), o discurso do analista surge exatamente na passagem de um discurso ao outro: "[...] eu diria agora que desse discurso psicanalítico há sempre alguma emergência a cada passagem de um discurso a outro" (p. 26).

Na clínica cirúrgica daquele hospital o trabalho começava bem cedo, aliás, como em quase todos os serviços cirúrgicos. Às 6 horas da manhã os pacientes já deviam estar sendo en-

caminhados para o centro cirúrgico, o que significava que os cuidados pré-operatórios, como a tricotomia e a sedação inicial, começavam lá pelas 5h30 da manhã. Fabiano era o psicanalista que acompanhava aquela clínica há vários anos, e sabendo dessa tendência matutina dos cirurgiões programou-se para chegar bem cedo ao hospital, pois queria ter um tempo para conversar com dona Carmen antes que ela fosse para o centro cirúrgico. Infelizmente não conseguiu; quando chegou, esbaforido, ao corredor do terceiro andar, viu o enfermeiro do centro cirúrgico empurrando a maca da dona Carmen para dentro do elevador. Fez um sinal para ele esperar e rapidamente entrou no elevador junto com a paciente. Ela olhou para ele e visivelmente angustiada lhe estendeu a mão perguntando: "Vai dar tudo certo, não é?". Fabiano não titubeou e respondeu: "Sim, claro que vai, você é ASA II,[5] e o seu tipo de tumor tem um índice de cura de quase 78%. Vai dar tudo certo, fique tranquila". E não deu tempo de falar mais nada; o elevador chegou ao nono andar, o centro cirúrgico.

Durante a supervisão, Fabiano se questionou: "Mas eu fui um psicanalista ou o quê? Eu sabia que o caso era grave, o residente tinha dito que a localização do tumor não era muito favorável, que ela era diabética, que a sua idade era avançada, e que a cirurgia ia ser feita, mas o prognóstico não era muito bom". Quando lhe perguntei se ele agiu por impulso, ele disse que um pouco, mas que, pensando bem, achava que faria a mesma coisa novamente, pois claramente a dona Carmen não tinha condições de lidar com muita angústia. Nesse momento da supervisão me lembrei da ideia lacaniana de que o analista é

5 Classificação de risco cirúrgico adotada pelos anestesistas. Quanto maior o número, maior o risco.

um administrador de angústia. Fabiano claramente não estava no discurso do psicanalista no encontro com dona Carmen no elevador, estava mais para um mestre garantindo que tudo ia dar certo e mais para um cientista citando dados estatísticos e dando explicações médicas, mas ele era um psicanalista, pois, como definimos anteriormente, o trabalho do psicanalista é ajudar o paciente a fazer a travessia do adoecimento, mesmo que para isso tenha que fazer semblante e circular entre os vários discursos.

Os especialistas em nada

Quando um médico diz para o paciente que procura de forma insistente e repetida por diagnóstico e tratamento médico na ausência de base orgânica compatível, a frase "você não tem nada" geralmente acrescenta, após alguns instantes de silêncio, o dito: "mas acho que você deveria procurar um psicólogo, ou psicanalista, ou psiquiatra". Acaso acham os médicos que somos nós, os profissionais "psi" em geral, especialistas no "nada"? Provavelmente sim, a talvez este seja mesmo um lugar que nos cabe ocupar, o de especialista em nada.

Esse "nada" a que se refere o médico pode ser, paradoxalmente, muitas coisas. Para Clavreul (1983), "[...] ao dito do médico 'você não tem nada' cabe acrescentar o resto da frase que permanece, outrossim, não dito: 'você não tem nada... que seja possível de se inscrever no discurso médico'" (p. 17). Recomenda-se aos médicos que usem com muita parcimônia a frase "você não tem nada", pois ela não é fenomenologicamente verdadeira, já que o paciente tem sim alguma coisa – uma dor, uma preocupação, um mal-estar ou uma ausência de bem-estar, uma alteração funcional, entre muitas outras coisas. O que acontece é que essas coisas não aparecem em exame, não são evidenciáveis, objetivadas, pelos instrumentos do discurso médico. Sempre que a medicina chega a essa curva de rio, na qual encalha a fluidez de seu discurso, ela remete o paciente ao campo psi. Talvez esse direcionamento seja mesmo estrategicamente adequado, o que não é pertinente, e ele ser feito de maneira a produzir no paciente a impressão de que ele está inventando sua doença, ou que está apenas querendo chamar a atenção.

O campo psi, aí incluídas a psicanálise, a psicologia e a psiquiatria, tem sido, costumeiramente, o depositário desses problemas ligados ao "nada". Vejamos dois exemplos históricos: a epilepsia e a "lues". Enquanto não se conhecia a causa biológica e objetivável da epilepsia, ela ficava a cargo dos psiquiatras, ou de seus precursores, como curandeiros e sacerdotes. Na hora em que se tornou evidente que as crises epiléticas originavam-se de descargas descontroladas dos neurônios cerebrais, essa doença passou a ser cuidada pela neurologia. A "psicose luética" também ficava a cargo dos profissionais da saúde mental até que se descobriu que ela correspondia à fase terciária e tardia da sífilis, doença causada pela bactéria *Treponema palidum*. A partir daí, passou a ser um problema dos infectologistas e dos clínicos gerais. É assim: quando a doença é um "nada", fica com os psiquiatras, os psicólogos e os psicanalistas, e quando passa a ser alguma coisa migra de especialidade.

Queremos esclarecer que este comentário não é um lamento, apenas uma descrição, pois entendemos como relativamente adequada essa situação. Entendemos que sim, que os profissionais psi são mesmo os especialistas em nada, que eles são os que estão mais bem preparados, e conceitualmente aparelhados, para lidar com a evanescência e a falta de base biológica de certas doenças. No hospital, o psicanalista trabalha sobre o que resta das demandas das outras modalidades de tratamento que acabaram ficando sem resposta. A vocação da psicanálise, pelo menos no hospital, é acolher os detalhes e os temas que costumam ficar de fora do discurso médico. Até agora o trabalho pela linguagem, o trabalho no e pelo simbólico, tem se mostrado o melhor, ou o menor pior, dos instrumentos para se lidar com a evanescência da subjetividade inconsciente, com a complexidade do desejo humano e, em especial, com os temas ligados ao "nada".

Em termos de marketing profissional, o "nada" também é importante para os psicanalistas. Talvez fosse o caso de os psicanalistas escreverem assim no seu cartão de visitas: "Fulano de Tal, psicanalista, especialista em 'nada'". Distribuindo esse cartão nos prontos-socorros da cidade, o psicanalista teria, sem dúvida, grande afluxo de pacientes ao seu consultório.

É claro que no final da contas a expressão "especialistas em nada" é apenas um jeito de falar, uma metáfora, pois o "nada", em sua potência negativa, e em sua natureza de "beira de abismo", não permite especialista, no máximo observadores e comentaristas. A frase citada por Lacan que usamos na abertura deste livro – "nem o sol, nem a morte podem ser olhados de frente" – merece um acréscimo: "nem o sol, nem a morte e *nem o nada* podem ser olhados de frente". Ninguém é de fato especialista em "nada", isto é apenas um semblante de que o psicanalista se vale, mais um dos supostos saberes que ele se dispõe a sustentar por algum tempo em sua tarefa de ajudar o sujeito em sua travessia do adoecimento. No hospital, o sujeito se dá conta de que a doença é uma porta para o "nada", porta da qual ele tenta

3
A técnica psicanalítica

O adoecimento é o ponto de partida de uma travessia com final aberto, angustiantemente aberto; pode ser a cura, pode ser a morte, ou algum estado intermediário. Essa travessia o sujeito fará, inescapavelmente, em nome próprio, dado que ninguém pode vivenciar o adoecimento pelo outro, mas poderá fazê-lo sozinho ou acompanhado, calado ou falando. A posição ética da psicanálise é que atravessar o adoecimento falando faz bem, se for do querer do sujeito.

Consoante a isso, a psicanálise faz, então, uma oferta de escuta e uma provocação: fale, instalando assim o procedimento denominado clínica psicanalítica. Para o paciente, esse encontro com o psicanalista pode parecer uma simples conversa, e não há nenhum problema nisso, mas para o psicanalista trata-se de um sofisticado ato técnico, fundamentado em uma ética, referenciado a uma teoria e preparado em anos e anos de estudo e de análise pessoal. Neste capítulo vamos tratar de alguns aspectos técnicos dessa conversa na cena hospitalar, como a associação livre, a escuta, a posição que o psicanalista assume nesse encontro, o manejo da transferência, a questão do tempo e os problemas do *setting* de atendimento, a interpretação e outras intervenções possíveis ao psicanalista.

A associação livre e a escuta

As pacientes. Foram elas, as primeiras pacientes da psicanálise, que disseram isso. Anna O. batizou de "cura pela fala" o método sugerido por Breur, e Emmy Von N. disse literalmente para Freud que ele ficasse quieto e a deixasse falar porque isso lhe fazia muito bem. Este é o momento em que podemos situar a criação da psicanálise do ponto de vista da técnica; é quando Freud, já tendo abandonado a hipnose e a sugestão, desiste também do método catártico, passando a valer-se da associação livre, procedimento no qual incentivava a paciente para que falasse tudo o que lhe viesse à mente. Freud (1893) explicou com detalhes como isso começou. No dia 12 de maio de 1889, ele estava atendendo a sra. Emmy Von N., sob hipnose, e interrompeu o que ela estava falando para lhe perguntar sobre a origem de determinado sintoma:

> [...] sua resposta dada a contragosto era de que não sabia. Solicitei-lhe que se lembrasse até amanhã. Disse-me, então, num claro tom de queixa, que eu não devia continuar a apontar de onde provinha isso ou aquilo, mas que eu a deixasse contar o que tinha a dizer-me (p. 97).

O tino clínico freudiano transformou essa reclamação em um método terapêutico, instituindo a regra de ouro da psicanálise: a associação livre. Quinet (1997) chama a atenção para o fato de que na psicanálise a regra é para o paciente, pois para o analista, "[...] afora o preceito da atenção flutuante, não há regras, mas a ética da psicanálise, regida pelo desejo do analista [...]" (p. 9). É exatamente porque é possível manter no atendimento no hospital essa regra, e essa postura do psicanalista, que podemos afirmar a existência da psicanálise na cena hospitalar, mesmo que todas as outras condições de análise não se façam presentes.

O dispositivo psicanalítico opera no binômio fala-escuta, criando uma articulação tão estrutural entre associação livre e escuta que a ausência de uma desqualifica a outra: são como as duas asas de um pássaro, necessárias, as duas. A associação livre sem uma escuta produz pouco efeito, como podemos ver nos solilóquios. Que resultado clínico tem ligar um gravador e ficar falando tudo o que lhe vier à cabeça? É o endereçamento dessa fala para alguém que escuta em posição neutra que cria a energia necessária para um verdadeiro trabalho psíquico. Por outro lado, se existe alguém escutando mas quem fala cumpre um roteiro predeterminado de temas a serem abordados, como na anamnese ou nos questionários padronizados, não se avança muito em termos de subjetividade – embora, é claro, se consiga um bocado de informações clínicas. Na psicanálise a função da palavra e da linguagem não é informar, mas sim evocar.

Em um livro de propedêutica médica, de autoria de Ramos Jr. (1995), encontramos a seguinte citação na página introdutória: "[...] não existem bons ventos para quem não sabe para onde vai". O autor escolheu esse ditado para ressaltar a ideia de que se o médico não sabe o que procura é capaz de deixar passar sinais evidentes da patologia. Faz parte da boa arte de entrevistar pacientes fazer uma pergunta já esperando certas respostas significativas, e desconsiderando outras.

Um psicanalista não faz nada disso, ao contrário, vale-se de uma escuta flutuante que não valoriza ou desvaloriza nenhum caminho em princípio, segue o fluxo do dito do paciente até que algo inesperado, para o psicanalista e para o paciente, se manifeste. Para o psicanalista o ditado é o contrário: se ele sabe o que procura acaba não ouvindo o paciente, mas apenas reencontrando seu imaginário (do psicanalista). Este é um ponto de radical diferença entre a conversa do psicanalista e a conversa do médico: um escuta de forma prevenida e atenta, o outro escuta da forma mais desprevenida possível, aberto ao incerto, e os dois estão certos, pois fazem trabalhos diferentes. Seria um desastre se um tentasse trabalhar com a estratégia do outro; sintomas seriam ignorados e a subjetividade apagada. Para identificar sintomas e fazer diagnósticos nada melhor que a escuta prevenida, e para o acolhimento da subjetividade nada melhor que a escuta flutuante.

Mesmo no hospital, lugar de destaque da doença, não cabe ao psicanalista guiar o paciente para falar da doença ou de temas relacionados. A estratégia é levar o paciente a falar. Do quê? Não sabemos. Pode até ser da doença, mas não pode ser principalmente da doença, a não ser que seja uma escolha do paciente. O paciente fala do que ele quiser, ou puder, naquele momento. É claro que na prática o paciente muito frequentemente começa falando da doença, mas o psicanalista deve estar atento para não fechar a conversa nesse tema. No hospital a doença é o centro da conversa apenas como ponto de partida, talvez até como um tipo de bom-dia, boa-tarde, boa-noite, mas não é o guia da fala – esta se guia pela associação livre do paciente, e não pela situação de adoecimento, que se faz muito presente mas como ponto de partida, e nunca como objetivo. Parafraseando Guarnieri

(1976), não temos a doença como chegada mas como ponto de partida.

O escritor peruano Mario Vargas Llosa (2008) disse, certa vez, que a vida de todo homem pode dar um romance, depende do escritor. Ele estava considerando que a arte de escrever um romance dependia mais do talento do escritor do que da biografia do personagem, mas podemos tomar esse dito num outro sentido: todo homem tem sua história para contar. No hospital, quando o paciente passa do assunto "adoecimento" para outros temas existenciais, enveredando por outros assuntos que nada têm a ver com o adoecimento, como problemas de família, situações amorosas, questões profissionais, produzindo uma narrativa da sua vida, e não da sua doença, o psicanalista escuta do mesmo jeito. A errância da fala do sujeito é mais que bem-vinda, é até incentivada.

É a associação livre que cria a magia da psicanálise. É por não serem guiadas de fora que as ideias e as falas do paciente o acabam levando a lugares desconhecidos até por ele mesmo. A afirmação de que falar ajuda a fazer a travessia do adoecimento é uma alegação de natureza empírica, ou seja, observa-se que isso acontece. A explicação para esse fato clínico, observado no dia a dia dos hospitais, é outra história, aliás longa e complicada.

Temos muitas teorias, muitas tentativas de explicar de que maneira o simples falar pode ser um elemento terapêutico, desde as noções que hoje parecem óbvias, do desabafar, até as sofisticadas explicações envolvendo a reestruturação cognitiva promulgada pela terapia cognitiva e pelas neurociências, passando por uma série de explicações filosóficas e psicológicas. A própria opção da psicanálise pelo método da fala, da associação livre, começou como uma técnica que funcionava, e não como uma filosofia a ser defendida. Não foi por convicção ideológica ou filosófica, ou humanista, que Freud passou a palavra ao paciente; foi por convicção técnica: ele observou que funcionava, foi só isso, um gesto metodológico. A associação livre é uma ideia com alta clinicalidade e intelectualidade de mediana para baixo.

A psicanálise sempre foi assim, uma técnica em busca de uma teoria. Kris (1988) afirmou que:

> [...] a primazia das formulações técnicas sobre as teóricas estendeu-se por todo o desenvolvimento de Freud, fato bastante evidente nos estudos sobre histeria onde Freud escreveu sobre a técnica, deixando a Breur a tarefa da teoria (p. 385).

Isso não quer dizer que Freud não seja um teórico. Todos conhecemos a paixão de Freud pela teorização. O que se nota aqui é a primazia, a anterioridade da técnica clínica sobre as formulações explicativas. Em 1889, Freud descobriu um método que funcionava, a associação livre, e passou o resto de sua vida, até 1932, tentando encontrar uma explicação para isso, e todos os analistas depois dele não cessam de escrever, e escrever, para explicar por que o dispositivo psicanalítico funciona. As teorias sobre a origem das neuroses também não pararam de mudar; são clássicas as reviravoltas conceituais ao longo da obra freudiana, mas o método, não, continua quase do mesmo jeito que em 1889, e agora se mostra mais uma vez eficaz, mesmo em um novo cenário, o hospital geral.

Para Freud (1890/1905), o trabalho clínico consiste em ajudar os pacientes a recuperar a magia das palavras. Mas qual é a magia das palavras? De que magia está falando Freud? Não é toda palavra que é mágica, mas apenas a do paciente, dita sob transferência. A palavra do clínico tem pouco valor de mudança psicológica, descobrem rapidamente os frustrados terapeutas que se restringem a ser conselheiros de seus pacientes. A palavra que vem de fora não tem muita força, como sabe qualquer amigo que aconselha alguém a largar um amor errado, ou qualquer pai desesperado tentando ensinar ao seu filho a melhor maneira de fazer as coisas. É somente quando a palavra vem de dentro que ela é mágica. O psicanalista trabalha a partir dos ditos do sujeito, e nunca a partir de sua fala para o sujeito. O que garante, ou pelo menos facilita, essa estratégia é a escuta. Se o psicanalista perceber que está falando muito, oferecendo muitas explicações sobre a doença ou sobre os procedimentos médicos no hospital, é conveniente parar um pouco, respirar fundo e pensar se não está caindo no discurso médico e afastando-se de seu próprio discurso, que paradoxalmente é um discurso de escuta.

A magia da fala, de que fala Freud, está ligada à importância que ela tem para o ser humano. Para Lacan, essa importância é plena na medida em que para ele o humano é um ser que fala. Ao explicar que a linguagem é talvez a característica mais importante que separa os homens dos outros animais, podemos ser rebatidos pelo fato de que papagaio fala. O papagaio tem fonologia, não simbologia, ele repete sons, mas não coloca um som no lugar de uma coisa, como fazem os humanos através da fala. Se uma coisa está presente, não preciso da palavra, basta o gesto; posso apontar para o cavalo se ele está presente, mas, se ele não está ali e eu quero me referir a ele, tenho o recurso da palavra. A maneira como isso amplia as possibilidades comunicacionais e existenciais do ser humano são fabulosas. Somos seres não apenas constituídos pela palavra, mas seres apaixonados pela palavra. Não basta amar, é preciso falar, não basta odiar, é preciso dizer. Para algumas pessoas, não basta tocar o corpo do outro durante o ato sexual, é preciso dizer-lhe baixinho no ouvido o que se está fazendo. E não é apenas no sexo que dizer é importante. Imagine um casal romanticamente sentado no alto de uma montanha contemplando o pôr do sol. Um deles diz para o outro: "Amor, veja que lindo pôr de sol". Por que diz isso? Por acaso acha que o outro é cego ou que, distraído, nem se dá conta da enorme bola de fogo que praticamente ocupa todo o seu campo visual? Não, não é isso. Diz porque precisa colocar em palavras o que vive, é assim o ser humano. Pensando bem, por que será que o ser humano gosta tanto de cantar? Por que ficamos repetindo palavras de forma ritmada e melodiosa vezes e vezes?

Se a ligação da palavra com o amor é tão íntima, não menos íntima é a sua ligação com o sofrimento, e também com a doença, a ponto de podermos pensar que atravessamos a doença a bordo da palavra. Quando não há mais nada a fazer, como nas situações de doenças graves, ou de problemas insolúveis, sempre resta uma coisa a fazer: falar, conversar. É esta a aposta, e a proposta, da psicanálise, e não só no hospital, mas também no divã do consultório. Não é o que fazemos ao convidar o paciente a falar mais sobre isso, seja lá o que for esse isso? É porque acreditamos que falando algo acontece. Falamos e falamos... "[...] até que a dor dê lugar à palavra" (Miller, 1996, p. 39), apregoam os psicanalistas no livro *Os poderes da palavra*, editado pela Associação Mundial de Psicanálise. E o psicanalista, quando chamado para resolver um impasse, pode oferecer, segundo Carvalho e Couto (2011), "[...] não uma solução predeterminada, mas uma que passe pela palavra, possibilitando que algo do sujeito possa advir" (p. 117).

Toda essa digressão sobre a palavra tem uma razão: marcar a sua importância, enfatizar que falar e escutar não são coisas banais, embora sejam cotidianas. Elas são da ordem do fundamental, pelo menos para o ser humano, e em especial para o psicanalista. Na cena hospitalar, não raro, o psicanalista é alvo do seguinte gracejo: "mas vocês só conversam". Gostaríamos de ressaltar que esse dito, longe de humilhar ou desqualificar o psicanalista, deve qualificar sua prática como algo sutil, algo que toma uma coisa tão corriqueira como a palavra e a transforma em elemento terapêutico. É preciso muita arte e estudo para isso. Nesse sentido, o psicanalista é alguém muito pretensioso, pois cobra por algo que existe de graça, a conversa. Não, é claro que não é assim; a conversa do psicanalista não é uma conversa qualquer, ela é assimétrica, um fala mais do que o outro, e note-se que não é fácil manter o silêncio que caracteriza a escuta diante de certas falas muito interessantes, ou muito angustiantes. Para Lacan, enquanto o paciente paga pela análise com seu dinheiro, o analista também paga, com sua presença.

Transformar uma simples conversa em algo com força terapêutica é o desafio do psicanalista, e ele consegue fazer isso com dois instrumentos: a escuta e a fala calculada. O analista não é um mudo, é alguém que pode falar, mas não fala, ou se cala. Como diz Leo Ricardo,[1] "[...] o psicanalista é alguém que fala e cala na hora certa". Então é com palavras e silêncios que fazemos nosso trabalho, seja lá onde for, no consultório ou no hospital.

Fernando era o psicanalista encarregado de atender os pacientes internados na UTI e, naquela manhã de sexta-feira, ao

1 Um paciente de análise comentando sobre o trabalho do psicanalista.

chegar, foi direto ao Box 7, onde estava internado o sr. Sebastião. Este já era o terceiro dia de atendimento ao paciente.

— Olá, sr. Sebastião, como vai?

— Tudo bem, sem novidades, fazer o quê? Tenho mesmo que esperar... Eu já estou aqui desde segunda à noite.

No primeiro atendimento, três dias atrás, ele tinha contado como tudo aconteceu naquela segunda-feira, mas ele parecia querer contar de novo:

— Então, naquele dia eu estava indo para Santos para uma reunião, e logo que eu comecei a descer a serra comecei a sentir uma dor forte aqui no peito. Achei que era alguma coisa muscular e continuei dirigindo, mas quando cheguei ao pedágio a dor apertou e não tive jeito de continuar, parei o carro e pedi ajuda, aí uma ambulância do Samu me levou para um pronto-socorro de Cubatão, mas disseram que não atendiam mais meu convênio e me levaram para Santos. Lá eu fui bem atendido, e o médico disse que eu estava tendo um infarto e meu deu uns remédios, e eu fiquei em repouso absoluto, não me deixavam nem levantar para ir ao banheiro. Estava o maior calor e lá não tinha nem ar-condicionado. Essa parte foi muito ruim. Foi aí que eu pedi para telefonar. Eles não queriam me deixar usar o celular, mas eu insisti e consegui ligar para o meu convênio, pois eu queria ser transferido para São Paulo. Eu sabia que lá era só um pronto-socorro, mas disseram que eu tinha que esperar uma vaga. Eu não queria preocupar minha mulher, mas aí não tinha mais jeito, ela ia ter que saber mesmo, e também eu queria que ela fosse ver como estava o carro.

A partir daí ele passou a falar sobre sua esposa. Ela era uma pessoa muito prática; quando tinha um problema para resolver, ia lá e resolvia. Foi ela quem ligou para o hospital e conseguiu a transferência. Ele também era assim, eles pensavam do mesmo jeito sobre muitas coisas e essa afinidade ajudava muito na convivência do casamento. Agora, por exemplo, que ele estava "preso na UTI", era ela que estava resolvendo as coisas lá na empresa.

No dia seguinte, quando Fernando chegou, encontrou-se com Teresa, a esposa, que ele já conhecia, saindo da UTI. Ela comentou:

— Ainda bem que você chegou, alguém precisa mesmo conversar com o Sebastião.

— Por quê? Aconteceu alguma coisa?

— Não, é que ele não para de falar, ele está muito ansioso, não consegue ficar quieto, e fica toda hora contando o que aconteceu na segunda-feira. Eu já sei, eu fui buscar ele lá, já trouxe o carro, já resolvi tudo, mas ele quer contar essa história toda hora. Eu já estou ficando nervosa.

Quando Fernando entrou na UTI, sr. Sebastião explicou que os médicos estavam pensando em fazer um cateterismo porque sua dor no peito diminuiu muito mas não passava, e começou a contar o que tinha acontecido:

— Então, na segunda-feira de manhã eu estava indo para Santos para uma reunião, a minha empresa é aqui em São Paulo, mas eu tenho muitos clientes lá na baixada santista. Logo que eu comecei a descer a serra senti uma dor no peito...

Fernando escutou tranquilamente o paciente lhe contar a mesma história que havia contado nos dias anteriores. Ele já sabia o que tinha acontecido, mas para ele, como psicanalista, a conversa não tinha a função de "colher a história do paciente", não era para obter informação, e sim um oferecimento de escuta que permitisse ao paciente elaborar a vivência do seu adoecimento, e era exatamente isso que ele estava fazendo, falando e falando sobre o que tinha acontecido "naquele dia" como forma de lidar com a sua evidente ansiedade. Essa função do analista de escutar por si só pode ser terapêutica, proporcionando certa contenção, evidenciando que a pessoa não está sozinha em sua dor. Além do mais, não se trata apenas de escutar. À medida que o paciente fala, ele também se ouve, podendo assim surgir o novo, acarretando modificações.

No mesmo dia, no final da tarde, Fernando foi chamado à UTI, pois estava acontecendo "uma situação com o sr. Sebastião". A "situação" era que, como a dor no peito havia piorado, os médicos resolveram fazer o cateterismo e queriam ligar para a esposa para que ela viesse ao hospital assinar a autorização. Sr. Sebastião achava que não precisava, disse que ele mesmo podia assinar o termo de consentimento. Na conversa com Fernando, ele se mostrou um pouco irritado com a insistência dos médicos em chamar a esposa; argumentou que ia demorar muito, que ele estava bem, plenamente lúcido, que sabia dos riscos, e que podia ele mesmo autorizar o procedimento. Seguiu-se uma pequena reunião entre os médicos, a enfermagem e o psicanalista, e por fim decidiu-se que sim, que o paciente poderia autorizar ele mesmo a realização do cateterismo. Meia hora depois o sr. Sebastião foi levado para o setor de hemodinâmica.

Na manhã seguinte, quando dona Tereza chegou para a visita, a secretária da UTI que organizava a entrada dos familiares disse:

— Hoje temos novidade, vá ver seu marido.

— O que foi, o que aconteceu?

— Acho melhor deixar que ele lhe conte.

Quando a esposa chegou ao box 7, sr. Sebastião orgulhosamente ergueu o lençol e mostrou-lhe o curativo na virilha direita, local pelo qual tinha sido feito o cateterismo, e explicou:

— Pronto, já fiz o cateterismo e já coloquei dois "stents", porque tinha duas artérias entupidas. Sabe que nem estou mais sentindo dor?

Não é muito habitual um hospital concordar com uma situação dessas, na qual um procedimento invasivo é realizado sem a presença de familiares, mas nesse caso isso foi feito. Por quê? Talvez pela personalidade forte do paciente, talvez pela postura do psicanalista a favor da manutenção da autonomia do sujeito. Provavelmente pelas duas coisas. Note-se que o psicanalista falou pouco, o que fez mais foi ouvir: ouvir o paciente, ouvir a esposa, ouvir a equipe se queixar do temperamento do paciente, ouvir e, enfim, confiar que quem fala sob escuta acaba sendo levado a um processo de resignificação, processo este que favorece a travessia do adoecimento. Este foi um atendimento em UTI, e sobre isso queremos citar o comentário de Soares (1996):

> Não podemos dizer de um processo analítico dentro do UTI, mas podemos falar de uma escuta analítica, de um sujeito suposto saber, de uma presença do analista, de um desejo do analista que pode levar o paciente a lidar e elaborar melhor a situação traumática vivida. Estamos então diante de um trabalho analítico com os pacientes da UTI, o que possibilita uma posição peculiar ante a dor e o sofrimento. O trabalho analítico é aquele que propicia a articulação do significante, ou seja, a possibilidade de o sujeito se aliviar ou se proteger da carga pulsional, transferindo-a para uma cadeia significante (p. 47).

O repetitivo falar e falar do sr. Sebastião foi exatamente isto: a busca por transferir sua angústia para a cadeia significante.

O silêncio

O que o psicanalista faz com o que o paciente diz? Em primeiro lugar, faz silêncio e mantém a escuta, pois, embora não pareça, "fazer silêncio" é uma intervenção das mais produtivas; tem, é claro, o inconveniente de ser muito difícil de ser realizado. No hospital, a confortável posição da poltrona por trás do divã, típica do consultório, é substituída pelo olho no olho do atendimento no leito, arranjo que pode tornar ainda mais constrangedor o silêncio. Dizem que o silêncio pode ser tanto um sinal de intimidade quanto de distanciamento. Note-se como é fácil ficar calado ao lado de alguém que você não conhece, e que se sentou ao seu lado no metrô. Mas, se essa pessoa for um amigo antigo, que você não vê há muito tempo, vai ser bem mais delicado suportar o silêncio que costuma se instalar passados os dez primeiros minutos de conversa nos quais se atualizam as novidades. Por outro lado, não será nem um pouco difícil ficar em silêncio ao lado do seu filho, ou de seu namorado ou namorada, por um longo tempo. É com as pessoas nem tão próximas nem tão distantes que temos dificuldade de manter um silêncio cúmplice e íntimo, e é exatamente essa a situação na clínica psicanalítica: os dois envolvidos não são estranhos, e também não são exatamente íntimos, já que, embora um saiba muito do outro, o outro nada sabe do um. Vários psicanalistas comentam como é difícil para ambos, paciente e terapeuta, suportar o silêncio, o não ter o que dizer, as lacunas na fala, mantendo-se frente a frente. No hospital, diferentemente do consultório, o silêncio não funciona bem como momento inicial do atendimento; geralmente é mais eficaz começar com um diálogo corriqueiro e gradualmente substituí-lo por uma postura mais silenciosa, de ouvinte, e depois finalmente poder desaparecer como interlocutor direto.

Apesar dessas dificuldades, o fazer silêncio é uma técnica a ser usada com frequência, pois ela é de fato muito, muito produtiva. Ao escutar silenciosamente, o psicanalista cria, e sustenta, um espaço de não-saber para ser ocupado pelo saber do paciente. Diga-se de passagem que esse espaço de não-saber é diferente de não saber algo, diferente do desconhecimento; trata-se da "douta ignorância". No final do século XV, Nicolau di Cusa cunhou a expressão "*ignorantia docta*", da qual Lacan (1953-1954, p. 317) vale-se para marcar que a posição do analista, muito mais do que um saber, é uma posição de ignorância, entretanto, trata-se de uma "ignorância formal". Essa estratégia de deixar um espaço vazio, ou silencioso, também foi adotada por Jung, que definiu o final do tratamento como o momento no qual o paciente pega para si o saber que, no início do tratamento, havia depositado no analista.

Embora não chegue aos extremos dos mestres orientais, que se propõem a escutar a grama crescer, o psicanalista escuta tanto a fala quanto o silêncio do paciente. O que torna o silêncio do psicanalista efetivo é que ele é um silêncio tenso, diferente, portanto, do silêncio meditativo. Ele pode ser quebrado a qualquer momento – o psicanalista não fala, mas pode falar, não é um mutismo. A técnica psicanalítica exige do clínico, na formulação de Figueiredo (2002), "[...] a responsabilidade de falar e calar como modos de sua ação" (p. 137).

A interpretação

Além da escuta, o psicanalista trabalha com duas outras intervenções, que também podem ser consideradas básicas: a interpretação e o manejo. Este último refere-se à ação concreta do psicanalista na situação de adoecimento, incluindo tudo aquilo que ele efetivamente faz na cena hospitalar, desde fechar uma janela na suspeita de um risco de suicídio, até se intrometer nas questões administrativas do hospital em prol do paciente, passando por ajeitar o travesseiro para o paciente ficar mais confortável. Talvez pudéssemos chamar esse manejo de "ato do analista", mas em primeiro lugar não há analista no hospital, apenas psicanalista. Reservamos o termo analista para aquele psicanalista cuja prática se dá dentro de condições mínimas, a saber: sessões repetidas, sob pagamento, na privacidade de um consultório e iniciadas a pedido do paciente – e isso não é o que ocorre nos atendimentos hospitalares. A designação mais genérica de psicanalista aplica-se ao clínico que trabalha a partir de um referencial teórico e ético da psicanálise, levando em conta o sujeito do inconsciente e evitando o lugar de mestre. E isso sim acontece no hospital. Em segundo lugar, denominar o manejo técnico ato do analista iria confundi-lo com o conceito lacaniano de ato do analista, que é efetivamente outra história. Voltaremos a esse tema mais adiante – aqui vamos focalizar a interpretação, o trabalho pela palavra.

Quando o psicanalista entra no quarto do paciente, o que ele faz? Um médico, um fisioterapeuta e um enfermeiro não encontram dificuldades para responder a essa pergunta; eles fazem curativos, exercícios respiratórios, auscultam e apalpam o corpo do paciente. E os psicanalistas o que fazem? Os psicanalistas trabalham com o corpo simbólico enquanto trabalham com o corpo físico. Certo, mas onde se encontra o corpo simbólico? O físico está à mostra sobre o leito. E esse corpo simbólico que elegemos como objeto dos cuidados da psicanálise, onde o encontramos? Embaixo do leito?

Nas palavras, e em nenhum outro lugar. É "com" e "nas" palavras que trabalhamos. Este é o desafio do psicanalista no hospital: como fazer de uma simples conversa, de pé, na beira do leito, sem divã nem poltronas, com um mínimo ou com nenhuma transferência, um acontecimento com efeitos clínicos? Como tornar uma conversa uma vivência? Como apenas com palavras e silêncios podemos ser clinicamente eficazes? Vejamos algumas técnicas para isso, começando com a interpretação.

Chamamos genericamente de interpretação tudo o que tem a ver com a fala, com a linguagem e com os significados, incluindo perguntas, pontuações, construções, marcações, explicações, interjeições, entre outras. Cito alguns exemplos retirados do livro *Os poderes da palavra*, coletânea de textos de vários psicanalistas reunidos pela Associação Mundial de Psicanálise, sob a organização de Miller (1996):

> O psicanalista...
> Constata: "você o abandonou"
> Interroga: "você não tem obrigações?"
> Afirma: "aqui a regra é não escolher"
> Critica: "você não vai pôr em dúvida sua paternidade?"
> Subtende: "... ou dela"
> Declara: "rejeição"
> Exclama: "nada a ver"
> Desacredita: "hum..."
> Utiliza a homossemia: "pagar-acertar"
> Ou homofonia: "um condor, com dor" (p. 313).

Esse trabalho verbal do psicanalista se faz sobre a superfície linguageira produzida pelo paciente. Funciona mais ou menos assim: o paciente fala e o psicanalista vai marcando, pontuando essa fala através da escansão e da repetição, para realçar certos termos e certas expressões. Escansão é um recurso da análise poética, é o ato de decompor um verso em seus elementos métricos, destacando na pronúncia as sílabas de uma palavra ou das palavras de uma frase. Mas por que é necessário dizer ao paciente o que ele disse? Por que lhe devolver sua fala escandida? Ora, para colocar o sujeito diante de si mesmo. Uma das grandes descobertas da psicanálise, através da escuta cuidadosa da associação livre, é que o sujeito, quando fala, diz muito mais do que sabe, ou que ele não sabe o que fala, como bem demonstram os atos falhos. "Tu o disseste" se constitui então em um mote do psicanalista. Comentando a importância desse preceito técnico de trabalhar sobre o dito do paciente, Figueiredo (2002) afirma: "'Tu o disseste', palavras de Cristo que nos ensinam, não tanto a ética cristã, mas a ética da responsabilidade daquele que diz sobre o seu dito" (p. 152).

Algumas vezes o psicanalista toma a iniciativa da fala durante o atendimento, mas quando faz isso é de forma ritualizada e estratégica, ou seja, é algo como um "olá, como vai?", ou um ritualístico "está muito quente, não é?", ou, no hospital, algum comentário ou questionamento sobre a situação de adoecimento, que tem a intenção de fazer o paciente falar, mais do que qualquer outro objetivo. A interrogação na psicanálise, por exemplo, não almeja colher informações, é mais para fazer falar, é uma espécie de provocação. Não trabalhamos com questionários, inquéritos ou protocolos que produzem dados, trabalhamos com narrativas e significados, sejam de coisas passadas que aconteceram ontem, ou que vão acontecer amanhã, como uma cirurgia ou um exame. Batista (2011) nos ensina que:

> [...] sustentar certa objetividade no começo da conversa com perguntas do tipo "o que aconteceu?", "como você chegou

> aqui no hospital?", "o que você pensa que pode ajudá-lo agora?" abrem o espaço necessário para que o sujeito possa trazer alguns dos significantes que posteriormente se enlaçarão na transferência (p. 136).

Queremos colocar em destaque uma técnica de trabalho verbal de muito valor no hospital, que tem a ver com a questão da neutralidade do psicanalista e que vamos denominar, provisoriamente, "engolir o mas". No hospital, já vimos que todo mundo tem algo a dizer ao paciente. São instruções, informações, recomendações, proibições, por aí vai, e quando deixam o paciente falar e manifestar seu desejo geralmente segue-se um simpático "sim, mas...". O paciente diz que não vai mais tomar o remédio por causa de seus efeitos colaterais, e a enfermagem diz: "Sim, eu sei, dá náuseas, mas se o senhor não tomar vai piorar a infecção". Este é apenas um exemplo de uma rotina hospitalar: tem sempre um motivo de saúde e terapêutico válido, porém, mais importante que o desejo do paciente. O "mas" é uma partícula que anula tudo o que vem antes: "É isso mesmo, mas...". Para o psicanalista seria interessante aprender a engolir o "mas", aprender a sustentar a fala do paciente sem negá-la pelo recurso imediato desse "mas".

Ninguém sabia mais o que fazer para convencer Onofre a voltar a tomar os remédios para a sua hipertensão arterial. Ele estava internado há 15 dias devido a um AVC (acidente vascular cerebral) que lhe paralisara a metade esquerda do corpo. A filha pedia: "Papai, tome o remédio, se não o que vai acontecer? O senhor quer ter outro derrame?", ao que ele respondia, "Minha filha, deixa assim, você e seus irmãos já são adultos, já estão criados; se eu morrer é porque chegou a minha hora". A enfermagem tentava convencê-lo: "Sr. Onofre, é melhor tomar o remedinho, se não o doutor vai ficar bravo". Ele não deixava por menos: "Olhe aqui, você até que é simpática, mas eu não quero mais esse remédio, nem adianta insistir". Ao médico que argumentava "Sr. Onofre, o seu AVC foi resultado de um pico hipertensivo, se o senhor não voltar com os remédios a pressão sobe de novo", ele respondia: "Se eu tomar o remédio vou ficar bom deste lado paralisado?". Quando o médico explicava que isso não dava para saber ainda, ele dizia: "Então não vai adiantar mesmo, eu não vou tomar isto".

Foi nessa situação que chamaram a psicanalista para atender Onofre. O pedido da enfermagem justificava: "Provavelmente ele está deprimido, deve estar querendo morrer". A psicanalista veio, entrou no quarto, ficou lá não mais que meia hora, e quando saiu anunciou: "Pronto, ele disse vai tomar os remédios". Todo mundo ficou surpreso e admirado, querendo saber o que ela havia dito ao sr. Onofre para convencê-lo. "Como você fez isso? O que você disse para ele?", todos lhe perguntavam.

O que ninguém supôs foi que a psicanalista não disse nada, ao contrário, ela se pôs a ouvir o sr. Onofre. Quando ele afirmou que aquele remédio era muito forte, e que não ia mesmo tomá-lo, ela nada disse, não tentou contestá-lo nem alarmá-lo nem seduzi-lo, nada, apenas deixou que ele seguisse o fluxo de sua fala. Depois de algum tempo reclamando do remédio, ele começou a contar como era sua vida, seu trabalho como vendedor de uma loja de autopeças, do qual gostava, e agora temia não poder retomar, dos seus amigos, de sua paixão pelo Corinthians. Não tardou, porém, a retomar o tema anterior: "Eu vou te falar, esse remedinho é uma desgraça; você é novinha, eu nem devia falar com você desses assuntos, mas, sabe o que é... esse remédio me deixa daquele jeito, você sabe, eu não consigo mais nada com minha mulher, não dava mais, então eu parei de tomar, aí aconteceu isso". A psicanalista reconheceu que sim, disse que alguns remédios para hipertensão de fato provocam impotência, e ponto. Parou a frase aí e deixou que sr. Onofre tirasse, ele mesmo, as conclusões de seu dito, ela apenas o repetiu. Depois de algum tempo ele mesmo concluiu: "É... mas eu sei que se não tomar vou acabar morrendo. Acho que não tem jeito, vou ter que tomar essa droga; fala pra menina da enfermagem trazer".

A psicanalista reconheceu que de fato é muito ruim tomar um remédio que deixa a pessoa impotente, e ponto. Não comentou nada mais além disso; evitou a tentação fácil do "é verdade, mas...". O psicanalista concorda com o fato de que tomar o remédio é ruim, ou seja, concorda com a fala do sujeito sobre si mesmo. Isso não significa que o psicanalista concorde com o comportamento imediatamente consequente à fala, significa que ele reconhece a verdade daquela fala para o sujeito que a enuncia, reconhece aí a verdade da realidade psíquica validando o sentimento, não o comportamento. Pode parecer pouco, mas em uma situação na qual os sentimentos não costumam ser valorizados – e quando atrapalham o tratamento são ativamente reprimidos – validá-los já é muito. O psicanalista não nega o problema médico e ao mesmo tempo afirma a verdade do sentimento do sujeito. O errado do ponto de vista do médico e o certo do ponto de vista sujeito coexistem numa realidade ambivalente e conflitante. A psicanálise, aliás, não nega nada, sua ética é a do sim, pois já sabe de longa data para onde leva o caminho da negação. Freud descobriu que o fator causador das neuroses era o recalque. Ele teorizou que não era o conteúdo do recalque, mas o próprio ato do recalque que geraria o sintoma.

A estratégia psicanalítica é concordar com o certo da pessoa, e não com o errado da situação. Toda situação de conflito do tipo descrito tem *o certo do paciente*, a verdade de seus sentimentos e/ou desejos, e *o errado da situação*, as consequências negativas do ponto de vista da saúde. Um não precisa ser colocado em oposição ao outro pela partícula anuladora "mas". O psicanalista coloca o foco apenas em uma parte e espera para ver o que virá. Nem sempre o resultado é tão conveniente e satisfatório como no caso do sr. Onofre. E se ele insistisse em não tomar o remédio? O psicanalista deverá estar preparado para ajudar o paciente a sustentar seu desejo se ele estiver informado de todas as consequências e se não houver sinais de uma patologia mental mais grave. Este é um desafio ético para o psicanalista. E, diga-se de passagem, o psicanalista está em melhores condições do que o médico e a enfermeira para sustentar esse desejo do paciente, pois, em caso de problemas legais, as acusações cairão muito mais sobre a equipe médica e o hospital do que sobre o psicanalista.

Voltando ao tema específico da interpretação, esperamos já ter demonstrado, ao longo deste texto, e em especial na parte em que comentamos sobre a psicossomática, que para a psicanálise está fora de questão interpretar a doença; não é este o trabalho do psicanalista, podendo, é claro, ser o do paciente, e nesse caso o psicanalista o acompanha. Mas ficar dizendo para o paciente que ele adoeceu disso ou daquilo, por isso ou por aquilo, não faz parte nem da ética nem da estratégia da psicanálise. É claro que podemos dar uma ajuda ao paciente, soprar, apontar as ambiguidades, mas é o sujeito quem vai ter que dizê-lo com todas as letras. Até porque qualquer um que já tenha trabalhando atendendo pacientes, mesmo no consultório, sabe como é comum a situação de grandes elaborações, brilhantes construções, entregues ao paciente em forma de interpretação acabarem dando em nada. Se não cabe ao psicanalista dizer ao sujeito o que significa sua doença, para que serve, então, a interpretação?

Do nosso ponto de vista, a interpretação tem a função de sacudir a cadeia significante na qual se encontra enredado o sujeito. Para Lacan (1976-1977), "[...] a interpretação não é feita para ser compreendida, é feita para fazer ondas" (p. 317). O movimento produzido por essa onda leva o sujeito a uma elaboração do encontro com a realidade do adoecimento. É para isso que serve a interpretação. No hospital, segundo Pinto (2011): "[...] o psicanalista tem de se deslocar do lugar de intérprete para o de alguma coisa que lembre a causa que não se deixa decifrar" (p. 29).

No início da psicanálise Freud interpretava e revelava para o paciente o significado oculto do seu sintoma, que com isso desparecia. Mas com o tempo esse método revelou-se menos eficaz e provocou uma revisão teórica, levada a cabo pela segunda tópica freudiana, que demonstrou, para além da questão do significado inconsciente, a importância das forças de recalque e resistência. Nessa linha a interpretação na cena hospitalar vai além ou aquém do significado, pelo menos do significado oferecido pela criatividade e pela inventividade do psicanalista. Uma interpretação vale pelas ondas de elaboração que provoca no paciente, e não pela beleza intelectual ou pela correção metapsicológica. A clinicalidade de uma interpretação deve ser maior, ou no mínimo igual, que sua intelectualidade. Sobre esse tema queremos citar uma lúcida recomendação de Figueiredo (2002):

> Com isto podemos corrigir uma certa ideia de interpretação como criatividade ou inventividade do analista, que no limite pode transformar o trabalho analítico em uma viagem romântica por novas linguagens que ampliariam o outro-conhecimento ou a experiência de si. E também podemos

> apontar um certo cacoete frequente entre alguns lacanianos que jogam com o equívoco do significante sem atentar para o sentido que pode trilhar no encadeamento de novas séries significantes que o sujeito produz como efeito da interpretação. Como se o analisar não passasse de um jogo de palavras sacudindo a cachola do pobre infeliz numa sucessão de enigmas a serem decifrados (p. 53).

Grandes elaborações clinicoteóricas não têm lugar no hospital. É melhor o psicanalista evitar o uso de termos teóricos do jargão psicanalítico, pois Édipo, castração e mesmo inconsciente não significam muito para o paciente e para os outros atores da cena hospitalar, ou melhor, significam coisas bem diferentes do que significam para a metapsicologia psicanalítica. No hospital o psicanalista precisa ser um poliglota, saber falar o "psicanalês", mas também saber falar a língua dos médicos e em especial a língua do paciente – esta sim a única que não pode faltar. Essa estratégia de não se valer de linguagem teórica vale tanto para os atendimentos quanto para as conversas dentro da equipe, e também para o registro no prontuário. O psicanalista escreve no prontuário do paciente relatos clínicos valendo-se mais de descrições do que de rotulações, sejam psicanalíticas ou não. Não se deve confundir a evolução clínica do prontuário com um relato de caso clínico – são coisas bem diferentes. O primeiro visa registrar o trabalho clínico, e o segundo destina-se ao estudo e eventualmente a publicação. Rodrigues (2000) já advertia, no início da psicanálise na cena hospitalar, que, no hospital: "[...] nada de grandes interpretações, nada de grandes atos. Aqui, mais do que em qualquer lugar, o narcisismo do analista é colocado à prova. Abrir mão do seu narcisismo se torna mais do que nunca uma posição ética" (p. XXII).

Na maioria das vezes, tanto no consultório quanto no hospital, os efeitos de uma interpretação demoram a aparecer, o que é natural, se levarmos em conta que o objetivo da interpretação é colocar em andamento um processo de elaboração que requer tempo para se desenvolver e chegar a algum resultado prático. No hospital, onde os atendimentos são mais interrompidos do que concluídos, esses efeitos podem ser menos visíveis ainda, pois raramente o paciente permanece sob atendimento tempo suficiente para que apareçam seus resultados.

Embora o trabalho clínico seja, como definido por Freud (1890/1905), ajudar a pessoa a recuperar a magia das palavras, é preciso reconhecer que em certas situações limites faltam palavras. A mais óbvia é a do paciente que não pode falar por alguma questão da própria doença, como no caso dos pacientes com câncer de cabeça e pescoço que se submetem a cirurgia na região oral, ou dos pacientes entubados na UTI. Nesses casos, em que a articulação oral está comprometida mas permanece o desejo de se comunicar, valemo-nos de recursos como a escrita, cartazes com figuras e tudo o mais que a criatividade do psicanalista sugerir.

Mas existem outras situações em que faltam as palavras aos pacientes, não por um comprometimento anatômico, mas pela emergência abrupta de uma angústia tal que não cabe nas palavras. Vemos isso com frequência nos atendimentos em pronto-socorro, onde vítimas de traumas, dos mais variados tipos, de assaltos a acidentes de trânsito e doenças abruptas. Esses pacientes podem ficar, de um momento para outro, nas palavras de Souza (2000): "[...] destituídos de seu ancoramento significante. Diante da falta deste bordejamento as pessoas se vêm invadidas pela angústia" (p. 33). Nessas situações a técnica baseada na escuta precisa de um ajuste; é preciso que o psicanalista seja um pouco mais ativo e chegue mesmo a emprestar suas palavras para quem não tem momentaneamente as suas. Nesses casos o psicanalista pode mesmo nomear o que supõe que o paciente esteja sentindo.

Quando surgiu a notícia de que um avião havia caído no Aeroporto de Congonhas, em São Paulo, muitos familiares de passageiros correram para lá em busca de notícias. Cláudia era uma delas, e quando ficou confirmado que, sim, aquele era o avião que vinha de Porto Alegre e que trazia sua mãe e seu filho, e que infelizmente não havia sobreviventes, ela desmoronou. Começou a chorar e gritar, mas logo depois se calou e começou a tremer fortemente. Nesse estado foi encaminhada ao pronto-socorro de um dos hospitais da região. A equipe de clínica médica não encontrou nenhuma alteração física em Cláudia, mas como ela não falava e continuava tremendo muito, chamaram a equipe de psicologia do pronto-socorro. Quando a psicanalista chegou, Cláudia não falava, olhava assustada para os lados, tremia muito e chorava de vez em quando. Depois de algumas tentativas fracassadas de estabelecer um diálogo, a psicanalista disse que se ela não conseguia falar tudo bem: "Eu sei como você está se sentindo".

Nesse instante Cláudia virou-se em direção à psicanalista e disparou: "É mesmo? Então você acabou de saber que sua mãe e seu filho morreram no mesmo acidente? Você não tem nem ideia do que é isso, de como eu estou me sentido. Quem você pensa que é pra falar comigo desse jeito? Eu estava em casa esperando minha mãe, que estava vindo com meu filho de Porto Alegre, meu marido tinha saído pra pegar eles no aeroporto, e aí eu vi uma notícia na televisão com um avião pegando fogo, foi horrível...".

Uma análise rápida desse atendimento evidencia um erro técnico grosseiro, afinal, como uma psicanalista pode se achar em condições de dizer o que o sujeito sente. Segundo o IPE – Núcleo de Intervenções Psicológicas em Emergências – (Núcleo..., 2015), deve-se evitar a frase "Eu sei o que você está sentindo", pois ela não é verdadeira. Entretanto, nesse caso, foi exatamente essa frase que fez que a paciente passasse a falar. Não importava que ela estivesse reclamando da psicanalista, o que importava é que ela havia começado a falar. Começou reclamando, mas logo passou a falar de si. Não é esta a proposta da psicanálise, fazer falar e escutar? Então, em vez de um grosseiro erro técnico temos, nesse caso, uma feliz intervenção psicanalítica.

E algumas vezes faltam palavras ao psicanalista.

Certa vez atendi um paciente durante um mês em sua primeira internação para se tratar de um câncer de intestino. Na época, o prognóstico era bom, pois o tumor foi totalmente retirado e a quimioterapia que se seguiu foi considerada um sucesso. O problema é que foi necessária a colocação de uma bolsa de colostomia. A princípio, Camilo disse não se importar, mas passados alguns dias da cirurgia ele afirmava que "sua vida de verdade" estava acabada: como é que ele iria trabalhar com aquela bolsa cheia de fezes? As pessoas iriam sentir o cheiro até no elevador. Este foi o tema de muitos de nossos encontros durante sua internação. Eu o ouvia se queixar da sorte para logo depois dizer que também se sentia felizardo, pois, afinal, estava vivo, e nessa ambivalência em relação ao resultado da cirurgia os dias iam se passando. Perto do dia da sua alta hospitalar, ele disse que gostaria de conversar sobre "uma coisa delicada" – era sobre sexo. Estava muito preocupado com a reação de sua esposa; até agora ela tinha se mostrado uma boa companheira, mas saindo do hospital e voltando para a rotina como seria? Quando perguntei se ele já tinha conversado com ela, ele respondeu que ainda não, que não tinha coragem de falar sobre isso, por enquanto.

Logo depois dessa conversa ele teve alta e fiquei muito tempo sem encontrá-lo, mas fiquei sabendo, através da equipe médica, que ele estava se tratando em outro hospital, pois apareceu uma metástase no fígado. Ele já tinha feito duas cirurgias, mas o câncer parecia incontrolável. Por questões administrativas ligadas ao seu convênio médico, ele voltou a se internar no hospital em que trabalho e novamente fui atendê-lo. Dessa vez encontrei um homem deprimido, muito magro, amarelado, ainda com a bolsa de colostomia, me contando que tinham tentando uma nova quimioterapia com um remédio experimental, mas que não estava funcionando. Passados alguns minutos, ele me olhou e disse que tinha muito medo de morrer, disse que "a sensação da morte é uma coisa horrível". Nessa hora eu não soube o que lhe dizer; escutei, continuei olhando para ele, e fiz um gesto para que ele continuasse falando. De fato, me faltavam palavras naquela hora. Três dias depois ele morreu.

Quando penso nesse caso, hoje em dia, além das questões pessoais que me fizeram ficar sem palavras diante da morte, me vêm à mente os limites da palavra, os limites do nosso trabalho verbal. Miller (1996) argumenta que as palavras nunca esgotam o desejo, e por isso buscamos sempre múltiplas e repetidas significações: "[...] elas são múltiplas pois tendem a cercar o desejo, sendo este último incompatível com a palavra" (p. 350). No fim das contas, também em relação à morte, as palavras são insuficientes, o que não quer dizer que sejam desnecessárias. Certa vez, um oncologista paulistano, comentando sobre a dificuldade de dar o diagnóstico de câncer aos seus pacientes, disse-me:

> Eu trabalho com isso há trinta anos, e até agora ainda não encontrei o jeito certo de dizer a alguém que está com câncer, que provavelmente tem meses de vida. Sabe como eu me

sinto? É parecido com terminar um relacionamento amoroso. Como dizer a alguém, que é apaixonado por você, que você não quer mais viver com ela, que acabou? Como se diz isso?

A transferência

A cena hospitalar é o palco de um grande desencontro transferencial. Existe um personagem disposto a dar escuta e atenção, o psicanalista; o problema é que o paciente apresenta essa demanda de amor em relação ao médico, e não ao psicanalista. A transferência do paciente é com o médico, mas quem se apresenta é o analista. É um grande desencontro: o paciente quer falar, o analista quer escutar, mas o paciente quer ser escutado pelo médico, que não quer saber de escutar nada além do que lhe interessa, remetendo ao psicanalista esse tal resto que não lhe interessa, mas que, reconhece, é importante para o paciente. Parece que na cena hospitalar não se encontram os que querem falar e os que querem escutar, diferentemente do consultório privado do analista, local privilegiado para esse encontro.

Diante de um problema de saúde grita-se "chamem um médico"; nunca se ouviu "chamem um psicanalista". A convocação do psicanalista, ou do psiquiatra, é ouvida em outro momento da vida, no do "enlouquecimento", e não no do "adoecimento". Quando alguém faz alguma coisa esquisita, estranha ou incabível do ponto de vista da norma reinante, corre o risco de ouvir "Vou te mandar para o psicanalista". O médico se convoca, ao psicanalista se endereça, só isso já demonstra a distinção transferencial envolvida na questão.

Para o analista, à primeira vista, a cena hospitalar aparece como um imbróglio transferencial, mas este é apenas o tempo de ver, pois decorrido um tempo de entender, de ver melhor, de pensar e elaborar, haverá de concluir que, embora o hospital seja um campo de transferências cruzadas, é possível sim praticar aí a psicanálise, uma psicanálise complicada, é verdade, mas ainda assim psicanálise, com aquilo que ela tem de mais eficaz: favorecer a emergência do sujeito. No hospital a transferência é com o médico, é à sua figura que são endereçados tanto o pedido de socorro quanto a suposição de saber. Sendo assim, a psicanálise, que se define como uma clínica sob transferência, não teria condições de funcionamento no hospital, mas como essa situação, embora verdadeira, é apenas uma situação inicial, a psicanálise acaba conseguindo criar uma transferência trabalhada que lhe dá condições de possibilidade para operar na cena hospitalar. Dizemos, então, que o psicanalista trabalha sob uma transferência trabalhada. Se a transferência para o médico é espontânea, quase natural, fazendo parte do poderoso registro imaginário, e com profundas raízes na cultura e na realidade, a transferência para o psicanalista é menos consistente, precisa ser construída pela via do simbólico.

A ideia de que "a oferta cria a demanda" (p. 623) descreve tão magistralmente a clínica sob transferência que se pratica no hospital geral que até parece que seu autor, o psicanalista francês Jacques Lacan (1958), chegou a trabalhar em hospital, o que nunca aconteceu de fato. O psicanalista é um oferecido, tanto clínica quanto institucionalmente. Quando ele se apresenta ao paciente, que geralmente não fez nenhum pedido para ser atendido por um psicanalista, pode apenas fazer sua oferta de escuta, e alguma provocação para que o paciente fale.

No 18º andar do mais importante hospital de infectologia da cidade de São Paulo, a equipe de psicologia começa sua rotina de trabalho bem cedo. Todos os dias, inclusive sábados e domingos, eles chegam às 8 horas da manhã e a primeira coisa que fazem é conferir a lista de pacientes internados no andar, verificando as altas, os óbitos e principalmente as novas internações. Divididos os pacientes para que cada psicanalista atenda mais ou menos o mesmo número, eles partem para a visita da psicologia, uma espécie de ronda na qual todos os pacientes, indistintamente, são visitados. Para aqueles já internados, uma espécie de checagem rápida sobre como estão as coisas e, para os novos, uma apresentação do serviço de psicologia e o oferecimento de um atendimento para os que desejarem. Geralmente a primeira reação dos pacientes novos é de surpresa ou constrangimento ("por acaso acham que estou louco?"), mas essa reação é passageira e muitos aceitam conversar.

Caio tem 26 anos, trabalha como auxiliar administrativo em um órgão governamental, e está sendo atendido há quase um mês. Ele foi internado para tratamento de uma pneumonia grave que não respondeu aos tratamentos com antibióticos tradicionais. Ele é HIV positivo e sua imunidade está muito baixa. Nos primeiros encontros com o psicanalista, Caio relutava em falar da sua vida antes da internação; preferia discutir sobre a evolução de seus exames sanguíneos, das taxas de CD4 e linfócitos e sobre os resultados das culturas que procuravam determinar qual bactéria ou fungo era responsável por seus problemas pulmonares. Agora, decorrido quase um mês de atendimentos diários com o psicanalista, Caio foi se tornando mais prolixo, falando de assuntos variados que ele via na TV, e um dia disse ao psicanalista que queira perguntar uma coisa.

— Sim, você pode perguntar o que quiser — respondeu Afonso, o psicanalista.

— Eu andei pensando se você também acha a mesma coisa que eles.

— Do que você está falando?

— Você sabe, todo mundo aqui acha que eu sou gay, você também acha?

— Que importância tem se eu acho ou não?

— Eu sabia que você iria dizer isso...

A partir desse dia, os atendimentos com Caio tomaram outro rumo. Ele passou a conversar, não apenas sobre a pneumonia, mas também sobre questões que ele mesmo chamava de "pessoais".

Se a psicanálise só ocorre através da transferência, é preciso saber fazer a oferta e esperar, esperar que a demanda inicial do paciente, geralmente um pedido de ajuda, um pedido de alívio endereçado ao médico, possa "decantar", para usar o precioso significante proposto por Figueiredo (2002), produzindo um resto que será então endereçado a quem se apresente disposto a acolhê-lo – no caso, o psicanalista.

De um ponto de vista lacaniano, a transferência não é para ser interpretada; ela é um dispositivo analítico, um instrumento a ser utilizado. Isso quer dizer que, nesse caso do Caio, por exemplo, não seria uma boa intervenção o psicanalista ficar mostrando ao paciente que ele se importa demais com a opinião dos outros, que isso é seu lado infantil querendo ser aceito, pelo menos não logo de saída. Melhor que isso seria aproveitar que o paciente estava mobilizado por essa preocupação e permitir, até incentivar, que ele falasse, que ele expressasse suas percepções e fantasias a respeito da equipe, que, inclusive, reclamasse do psicanalista, enfim, que associasse livremente a partir disso.

Mas vamos considerar a possibilidade de que não tivesse surgido nenhuma questão envolvendo o psicanalista diretamente, que é o mais comum nos atendimentos hospitalares. Ainda assim Afonso poderia continuar atendendo psicanaliticamente o paciente? Sim, poderia continuar sustentando sua oferta de escuta, o que, aliás, foi feito por quase um mês. O psicanalista, além de oferecido, há de ser também intrometido, ou seja, há de saber encontrar uma posição de trabalho na teia transferencial que o paciente monta na cena hospitalar. Essa teia existe sempre, independe da psicanálise. Se não há uma transferência endereçada ao psicanalista, sem dúvida há transferências jogadas no ar, sempre há. É da natureza do humano. Freud (1912) marca que a transferência não é exclusiva da relação analítica, e observa que, nas instituições em que os doentes são tratados de forma não analítica, por vezes, ela é mais intensa: "Nas instituições em que doentes dos nervos são tratados de modo não analítico, podemos observar que a transferência ocorre com maior intensidade" (p. 136). A prática clínica de muitos psicanalistas que trabalham em hospitais tem demonstrado que é possível sustentar um atendimento proveitoso e rico para o paciente mesmo na ausência de uma transferência formalmente identificada. Se não há análise sem transferência, parece que há psicanálise mesmo assim.

Geralmente o encontro entre o psicanalista e o paciente se dá via um terceiro, o médico, a enfermeira ou a família; dificilmente é o paciente que solicita o atendimento. Esse encaminhamento do encontro psicanalítico não é sem consequências clínicas, pois coloca o psicanalista na posição de "cantor de churrascaria", aquele que canta "sem perguntar se quem pagou quis ouvir",[2] ou seja, vai atender quem não pediu para ser atendido. Haja habilidade para sair dessa posição e encontrar outra na teia transferencial, que favoreça mais o seu trabalho!

2 Verso de Milton Nascimento na canção "Nos bailes da vida".

Um componente da ordem médica que não costuma ser muito discutido na literatura psicanalítica é a enfermagem, o que é um equívoco a ser reparado no futuro, através de mais pesquisas e trabalhos dedicados ao tema. Sabemos pouco e estudamos muito pouco sobre esse personagem da cena hospitalar, e aqui vamos também apenas sublinhar sua importância transferencial, pois ainda não nos encontramos em condições de preencher essa lacuna teórica. Sabemos que a transferência se faz com tempo e proximidade. Se trancarmos duas pessoas que nunca se viram antes na vida em um minúsculo quarto durante muito tempo, não temos qualquer dificuldade para supor o que acontecerá: amores e ódios.

Na cena hospitalar, se o médico recebe o suposto saber, quem passa mais tempo e tem mais intimidade com o paciente é a enfermagem. É para a enfermagem que o paciente se mostra mais descuidadamente, é a enfermagem que dá banho, que limpa o cocô, que acaricia o paciente. O médico tem uma relação com o corpo do paciente bastante técnico-científica, bem diferente da afetividade envolvida no trato da enfermagem. Note-se que geralmente as pessoas se arrumam para ir ao médico, tomam banho e vestem roupa boa, cuidam da higiene e das vestes de um jeito que não é o seu habitual. Se há a roupa para ir à missa de domingo, talvez haja a roupa de ir ao médico. Isso significa que o paciente não costuma se mostrar ao médico como ele de fato vive; há um certo preparo, uma certa maquiagem a ser exibida ao médico. É a enfermagem quem vê o paciente o mais próximo daquilo que ele é cotidianamente. Cabe notar, também, que o tempo que o médico fica no quarto com o paciente é mínimo quando comparado às longas horas que a enfermagem passa dentro dele. Que efeito tem isso sobre o psiquismo do paciente? Não creio que estejamos em condições de responder a essa pergunta ainda, mas podemos especular que provavelmente a função materna dos cuidados de enfermagem deverá jogar um papel importante na história, ao lado do poder fálico, paterno, do saber do discurso médico. É a enfermagem quem dá água, ajeita o travesseio, apaga a luz para o paciente dormir e vem logo que ele chama. Sobre essa função de satisfação das necessidades, Souza (2000) lembra que: "Lacan vai dizer que mais importante que os objetos da necessidade é a mão que dá. O mais importante na demanda não é a satisfação da necessidade em si, mas o fato do Outro responder" (p. 24).

O setting

Qual é a posição do psicanalista no hospital? Em pé. Definimos a atividade psicanalítica no hospital como uma clínica pela palavra, em pé, e entre vários, exatamente para enfatizar a mudança no *setting* em relação à atividade psicanalítica no consultório. Quando entrou no hospital o psicanalista deixou para trás a sua poltrona, o divã, a privacidade e o silêncio do seu gabinete para instalar-se em um novo *setting* de atendimento. Pensando bem, o termo instalar-se não é muito adequado, pois não há no hospital um local específico para o atendimento psicanalítico, que geralmente acontece na beira do leito, mas também pode se dar nos corredores, nas salas de espera, no posto de enfermagem ou onde for possível encontrar um pouco de calma e silêncio para uma conversa.

Quando a cena hospitalar foi montada, ninguém pensou no psicólogo ou no psicanalista – eles são personagens muito recentes que têm de se adaptar como podem ao espaço hospitalar, sem abandonar sua ética de trabalho, que é fazer falar em livre associação e escutar a partir da posição de analista, favorecendo a emergência do sujeito durante a travessia do adoecimento. É isso o essencial da psicanálise, que não pode ser perdido; tudo o mais – divã, poltrona, silêncio, privacidade, horário, dinheiro, número de sessões e até a transferência inicial – é acessório que pode ser abandonado, se for o caso.

E no hospital é exatamente esse o caso, mas para o psicanalista, que não foi treinado para isso, ficar apenas com o essencial da psicanálise pode trazer a sensação de que está se fazendo um trabalho pela metade, errado, menor; como consequência ele força a barra para reconstruir no hospital o mundo do consultório, um erro ético e técnico. Fenichel (1951), comentando sobre a flexibilização da técnica psicanalítica, sustenta que: "[...] tudo é permitido com a condição que se saiba a razão" (p. 159).

Caminhando pelos corredores do hospital o psicanalista sofre duas tentações: a nostalgia do gabinete e o sonho da salinha, duas ilusões que apontam tanto para o consultório como modelo de atendimento ideal, quanto também para a dificuldade de a psicanálise criar um modelo de atendimento apropriado para o hospital. A tentativa de transposição direta da técnica de atendimento do consultório para o hospital é garantia de fracasso e frustração. Cruz (2007) acredita essa tendência à própria juventude da clínica psicanalítica no ambiente do hospital afirmando que:

> Se o psicanalista não ficar atento a sua prática específica no hospital velozmente cai no referencial do consultório, mas isto pode ser um efeito da psicanálise no hospital, que é jovem e tem pouca tradição, os trabalhos mais consistentes não passam de duas décadas (p. 18).

Leito não é divã, também serve para se deitar, mas as semelhanças param por aí. O *setting* psicanalítico no hospital é precário e provisório, em vários sentidos. Precário pois o espaço físico no qual se dá não favorece o tipo de clínica pela palavra, e por isso os psicanalistas sonham em um dia ter uma "salinha da psicologia" para atender os seus pacientes. Pode ser que isso venha acontecer no futuro, mas é pouco provável, pois o espaço no hospital é um item muito caro. Uma sala de 3 por 4 metros em um hospital custa muito, muito mais do que em um consultório de psicologia, pois no hospital existem regras de higiene e controle de infecção que tornam a manutenção muito onerosa, o que não se aplica a uma casa, onde geralmente estão os consultórios de psicologia e psicanálise. Além disso, o espaço é um item extremamente disputado no hospital. Existem muitos profissionais querendo sua salinha, então o mais comum é que as salas sejam compartilhadas; vai daí ser frequente um psicanalista atender pacientes na sala da ginecologia, com a mesa de exame ginecológico ao lado, em vez do divã, ou numa sala da cardiologia, ou da ortopedia, com todos os seus equipamentos bem à mostra. É verdade que em muitos hospitais já existe uma sala próxima da UTI para o acolhimento das famílias, sala esta arrumada de um jeito que lembra muito um consultório de psicologia, mas isso é uma raridade. O *setting* é provisório, pois o atendimento pode ser um dia em cada lugar, hoje no leito, amanhã na UTI, depois na sala de espera, e no outro dia no corredor.

Quinet (1997), estudando justamente as condições para a prática da psicanálise, anota que Lacan: "[...] no lugar das normas que pretende figurar o Outro, introduz o conceito de ato psicanalítico, retirando assim a psicanálise do âmbito das regras para situá-la na esfera da ética" (p. 8). É claro que podemos nos valer de Lacan, Fenichel e muitos outros autores para avalizar essa flexibilização do *setting* psicanalítico no hospital, mas o argumento mais poderoso em relação a isso é o resultado clínico alcançado pelos muitos psicanalistas que, trabalhando nos hospitais, em condições não analíticas, têm alcançado resultados clínicos psicanalíticos significativos. A clínica é soberana.

O tempo

No hospital o tempo é veloz, embora possa parecer uma eternidade, dependendo da situação. Não há nenhuma novidade nessa noção de relatividade temporal, mas no hospital acrescenta-se a isso o cruzamento de dois tempos: o da medicina e o do sujeito. O primeiro da ordem da urgência e o segundo do universo da elaboração. O médico tem pressa, é preciso agir logo, pois a vida corre perigo; já o sujeito precisa de tempo, em todos os sentidos, quer mais tempo de vida, e necessita de tempo para elaborar as rasteiras que a vida lhe dá, em especial a do adoecimento.

Americano (2010) estudou essa questão do tempo no hospital e caracterizou de forma magnífica o tempo da medicina. Ela diz que:

> [...] para o médico o tempo urge, um dia a mais de internação pode causar infecção hospitalar, um dia a menos seria imprudência, uma alta precoce pode significar outra internação, um diagnóstico não fechado a tempo pode significar morte ou piora do quadro, os procedimentos têm data e hora marcada, os antibióticos e outras medicações precisam ser tomados segundo a prescrição exata de dose e hora. Há a pressa do paciente para ir embora para sua

casa, pressa para ser diagnosticado, de cura, de retomada de sua vida (p. 29).

O tempo cronológico da medicina, por suas características objetivas e lógicas, acaba apagando o sujeito em um movimento de perfeita sintonia com o discurso médico, que, como vimos no primeiro capítulo, também faz isso metodologicamente.

O tempo do sujeito é outro, tempo subjetivo, interiorizado, não linear, misturando passado e futuro nas lembranças e fantasias, que não se contam cronologicamente, mas sim afetivamente, de maneira que o que tem valor está sempre presente, mesmo que tenha acontecido há décadas, e o que não tem importância afetiva pode nem ser registrado, mesmo que esteja acontecendo no aqui e agora. Esse tempo subjetivo tem outras duas características que merecem destaque: a primeira é o fato de que ele só pode ser conhecido através das palavras do próprio paciente, e a outra, a desconcertante noção de "causa *a posteriori*", pela qual um acontecimento só adquire importância patogênica em um momento futuro, o que subverte a noção lógica de causa e efeito.

Colocados assim separados, em parágrafos distintos, esses dois registros temporais não parecem problemáticos, mas no hospital o psicanalista, diferentemente do consultório, onde pode se dedicar ao tempo do sujeito, precisa lidar com o cruzamento dos dois tempos: atende o sujeito no tempo da medicina, o que traz questões clínicas interessantes, especialmente sobre o número e a frequência de atendimentos, e a duração de cada um deles. O tempo de atendimento psicanalítico no hospital é muito variável, mas dificilmente é longo; a maioria dos pacientes é atendida poucas vezes, e muitas vezes apenas uma única vez. Será possível, então, falar em psicanálise em atendimentos únicos?

Não é raro o psicanalista chegar ao leito de um paciente que ele atendeu no dia anterior e encontrar outro paciente ali, seja porque seu paciente teve alta, seja porque foi para a UTI ou faleceu. A discussão sobre o número ideal de atendimentos é meramente acadêmica, pois ninguém vai deixar um paciente internado no hospital para o psicanalista terminar o seu trabalho. A única exceção para isso é quando existe risco de suicídio. E não se trata de desvalorização do trabalho psicanalítico, não nesse caso. O que acontece é que a internação hospitalar custa muito caro, os convênios médicos glosam as contas de pacientes internados sem uma justificativa médica evidente; as longas filas de pacientes aguardando internação pressionam naturalmente a equipe médica a dar alta logo que possível, e o próprio paciente quer ir logo para casa.

Dessa maneira, o tempo de atendimento psicanalítico não responde a nenhuma dimensão psicológica; ele é determinado pela evolução médica do caso e pelas questões administrativas, o que leva o psicanalista a trabalhar com o final em aberto, literalmente. De modo geral, o trabalho psicanalítico no hospital é interrompido, raramente concluído.

Já a questão sobre o tempo e a duração de cada atendimento é mais pertinente, pois o psicanalista tem sobre ele algum controle. Existem atendimentos previstos para ser bem rápidos, as chamadas visitas psicológicas – como descrevemos anteriormente, no hospital de infectologia onde a equipe de psicologia vai ao leito de todos os pacientes todos os dias –, e existem também atendimentos mais longos. Do ponto de vista psicanalítico, ou seja, levando em consideração a realidade psíquica do sujeito, não cabe determinar o tempo de duração do encontro, deixando que ele se estabeleça a partir da emergência dos conteúdos, do nível de angústia suscitado pela conversa e também pela condição física do paciente. Um outro limitante frequente do tempo de atendimento são as atividades médicas e de enfermagem, como exames e procedimentos, curativos e administração de medicação.

A técnica psicanalítica exige certo cuidado com a "dosificação" da angústia: se é muito baixa não chega a criar o questionamento necessário a um engajamento no processo reflexivo, mas se é excessiva cria resistências, barra as associações e pode favorecer comportamentos disrruptivos. Na visão lacaniana, o psicanalista é uma espécie de administrador de angústia. Segundo Miller (2006), "[...] é responsabilidade do analista proporcionar efeitos analíticos de acordo com a capacidade do sujeito de suportá-las" (p. 15). Esse cálculo do quanto de angústia se faz presente ajuda o psicanalista a determinar o tempo de duração de cada atendimento no hospital.

Atendimento curto ou longo, único ou vários – não é isso o que decide se uma clínica é psicanalítica, e sim a posição do clínico e a sua técnica, e podemos notar que estas são no hospital as mesmas do consultório, isso não muda. A associação livre e a escuta a partir da posição do analista, mesmo que seja por cinco minutos, faz desse encontro uma clínica psicanalítica. Então, respondendo à pergunta que fizemos anteriormente, sim, é possível falar em psicanálise em atendimentos únicos e curtos. Este é o desafio dos psicanalistas que trabalham na cena hospitalar: desenvolver uma técnica que seja clinicamente eficaz nos limites de um único encontro.

A noção lacaniana dos três tempos – tempo de ver, tempo de compreender e tempo de concluir – tem se mostrado uma espécie de indicador para as intervenções psicanalíticas no hospital. Batista (2011), com uma clareza rara entre os psicanalistas, explica o enigma mencionado por Lacan:

> Em seu texto "O tempo lógico e a asserção da certeza antecipada", Lacan (1945) nos conta uma pequena história na qual três prisioneiros precisam resolver um enigma para conseguir a liberdade. O diretor do presídio apresenta discos brancos e pretos afixando um nas costas de cada um dos prisioneiros e deixando os outros à mostra em cima da mesa. Sem conversar entre si, cada um dos prisioneiros precisa descobrir qual a cor do disco que está nas suas costas, e além disso precisa dizer como chegou a tal conclusão. No fim da história todos os três prisioneiros conseguem acertar a cor do disco que está nas suas costas, e, ao explicar o raciocínio que eles fizeram, Lacan demonstra a existência de três momentos distintos: primeiro eles se olham, um instante de ver, depois formulam e colocam em dúvida suas soluções para o teste, um tempo de compreender, tempos lógicos em que são capazes de calcular o disco que carregam nas costas. Deste cálculo cada sujeito extrai sua certeza, mas apenas no momento de concluir, momento que se caracteriza pelo ato que cada um faz, extraindo deste ato sua certeza, embora dedutível, ainda incerta (p. 138).

Assim podemos dizer que há um *tempo de ver*, momento de tomada de consciência, de ser impactado; seguido de um *tempo de compreender*, momento de elaboração, de fazer ligações e buscar significados; e, finalmente, há um *tempo de concluir*, de agir, momento de ação, de fazer algo. Do ponto de vista dessa temporalidade lacaniana, o hospital se caracteriza por um curto-circuito entre o tempo de ver e o tempo de concluir. O tempo de compreender não existe, não há tempo para isso. Por razões de política de saúde, o hospital foi escolhido para ser o local do tratamento agudo das doenças, ficando a convalescença e as doenças crônicas, e aquelas fora das possibilidades de cura, para outros locais, como ambulatórios, hospitais de retaguarda e outros equipamentos na rede de saúde, como os atendimentos domiciliares e os *home cares*, entre outros. Só são admitidas no hospital as doenças pelas quais se pode fazer algo no momento, ou seja, é para que se faça algo que alguém se interna no hospital, fazer um diagnóstico, fazer um tratamento. Passa-se do tempo de ver do diagnóstico para o tempo de agir da terapêutica o mais rapidamente possível.

Os médicos estudaram muito e conseguiram criar protocolos e *guidelines* que os orientam tão rapidamente que praticamente não precisam do *tempo de compreender*: já está combinado, para tal doença com tais parâmetros, faz-se tal tratamento. O hospital é assim: um tempo de ver, seguido de um tempo de agir, seguido de um novo de tempo de ver, seguido de um novo tempo de agir. É o resultado do exame que indica a cirurgia, cirurgia que indica a biópsia, biópsia que indica a radioterapia, radioterapia que indica o novo exame de controle, e por aí vai.

Acontece que para o paciente as coisas não funcionam assim; não se digere a suspeita de uma doença, muito menos a sua confirmação ou o seu tratamento, na mesma velocidade da medicina. A velocidade emocional é outra, costuma ser mais lenta e cheia de idas e vindas; o tempo do sujeito é outro, mas não há tempo para o sujeito no esquema do hospital e da medicina.

É aí que entra o psicanalista, que com sua simples presença, "sem fazer nada", e por isso mesmo, cria um tempo de entender na cena hospitalar. Eis o seu mérito, se acaso outros não houver. Esse profissional que todos dizem não fazer nada, apenas conversar – e na verdade nem isso, pois também não fala nada, apenas escuta –, faz disso seu maior trunfo, pois é com esse silêncio que escande um novo tempo no hospital, um tempo de espera, de adiamento, de reflexão, de dúvidas, de entendimento, e por aí vai. “A terapia psicanalítica é uma tarefa que consome tempo”, nos avisou Freud (1937, p. 229) em seu texto “Análise terminável e interminável”. Vejamos como o psicanalista consegue, na prática, criar um certo tempo de entendimento para o sujeito.

Sr. Onofre, caso clínico relatado anteriormente, decidiu não tomar mais os remédios para controle da hipertensão arterial. Os médicos, a enfermagem e a família procuravam lhe mostrar como isso era perigoso – ele poderia ter um novo AVC e inclusive morrer. Todos queriam que ele visse, que tomasse consciência “da loucura que estava fazendo”, mas não havia jeito, o paciente estava irredutível. O que fez a psicanalista chamada para atender o caso? Ela percebeu que o momento de ver era avassalador, todos mostrando o perigo da situação e, então, a partir disso, resolveu introduzir um tempo de compreender; deixou que o paciente explicasse com detalhes, sem contestação, o que estava acontecendo. Pela técnica da escuta, criou um tempo de compreender. O paciente falou, reclamou dos médicos e da filha, que insistiam que ele tomasse o remédio, se queixou dos efeitos colaterais sexuais do dito medicamento, mas também falou do medo de morrer e, resignado, acabou por concluir: “Não tem jeito, vou tomar esse negócio”. Ao se encontrar com o paciente propondo-se muito mais a escutar do que a dizer, a psicanalista provocou, é certo, uma estranheza inicial; o paciente não estava acostumado a isso no hospital, mas conseguiu desfazer o curto-circuito entre o tempo de ver e o tempo de concluir introduzindo o tempo de compreender.

A palavra e o gesto

Reconheçamos, nem sempre é possível manter a posição de psicanalista, e no hospital não é suficiente o trabalho apenas no simbólico, com as palavras, quase sempre é preciso fazer um gesto. Esse é um dos aspectos distintivos da clínica psicanalítica no hospital, já que no consultório o analista se abstém tenazmente de interferir na realidade concreta da vida do paciente.

Atender pacientes com um nível muito alto de angústia, como é o caso de pacientes com doenças físicas graves, pede certa flexibilidade na regra da abstinência seguida na análise de consultório. Pereira (2000), em extensivo estudo sobre a questão da angústia na psicanálise (não apenas no hospital), argumenta que:

> [...] a psicanálise sabe que a regra da abstinência não é total, ou não é para toda hora. O sucesso do tratamento de pacientes muito angustiados depende de que o pedido desesperado inicial possa ser acolhido com delicadeza, sem precipitar a revelação de que tal demanda de garantias absolutas é humanamente irrealizável. A técnica repousa em manter a situação analítica neste tênue espaço entre acolhimento e falta, que contenha o desespero mas não impeça a linguagem (p. 135).

A ideia de que o analista não faz mais do que escutar e interpretar não é aplicável ao hospital, pois ele caminha, comunica-se com outros profissionais sobre o paciente, intermedeia relações conflitadas, participa de reuniões multidisciplinares, escreve em prontuários, faz relatórios, participa de reuniões administrativas, entre outras coisas. Em quase todos os casos clínicos descritos neste livro o psicanalista fez algo além de escutar e interpretar – esse é o dia a dia da clínica psicanalítica no hospital: a palavra e o gesto.

Garcia (2011), ao tratar da questão da responsabilidade da psicanálise em relação à medicina, afirma que:

> [...] o psicólogo hospitalar trabalha entre o médico, o paciente e sua doença. Ele fornece resultados, conversa com o paciente após resultados, conversa com a família, costuma usar uma ficha interna e uma ficha externa; é o único que vai do paciente ao médico, do paciente ao enfermeiro, das reuniões de síntese das famílias, assim por diante, sempre com a hipótese de um inconsciente a tiracolo (p. 38).

No décimo terceiro andar do hospital, no leito 1319, o sr. Geraldo estava internado há quase uma semana, pela equipe do dr. Honório, aguardando uma cirurgia para retirada da vesícula. Estava indo tudo bem, os exames quase prontos, o convênio já tinha emitido a autorização, mas o paciente ainda não tinha visto nenhuma vez o dr. Honório, renomado cirurgião gástrico que iria operá-lo. Todos os dias, quando os assistentes passavam em sua ronda matinal, ele perguntava: "Quando o doutor vai vim?". "Logo", respondiam os assistentes, mas o doutor não vinha, e o tema reaparecia nos atendimentos com o psicanalista da equipe: "Como vai me operar se ele nunca me viu?". Na reunião clínica semanal da equipe, Antônio, o psicanalista, resolveu colocar o caso em discussão. O dr. Honório quis saber se o paciente estava sendo negligenciado, se não estava sendo bem atendido. O assistente explicou que sr. Geraldo estava sendo bem atendido, que estava tudo dentro da programação, que do ponto de vista médico estava tudo bem. O psicanalista concordou com essa avaliação, mas como explicar que, se do ponto de vista médico estava tudo bem, o ponto de vista médico não era tudo? Ele já estava na equipe tempo suficiente para saber que grandes explicações teóricas e termos técnicos pomposos não faziam nenhum efeito, então simplesmente falou: "Bem, ele quer conhecer o médico que vai operá-lo, é só isso". No dia seguinte *sr. Geraldo conheceu dr. Honório.*

O que aconteceu aqui? O psicanalista facilitando a comunicação do paciente com o dr. Honório foi uma intervenção psicanalítica? No grupo de supervisão da equipe muito se discutiu se isso era mesmo uma intervenção para o psicanalista. Parecia mais que era trabalho da assistente social ou da enfermagem, disse uma psicanalista da equipe. Antônio ponderou que "até pensou em trabalhar pela via do simbólico", conversando com Geraldo sobre o que significava para ele esse distanciamento do médico. Seria uma vivência de rejeição que remetia a outras de sua história de vida? Ele se sentia desamparado? O paciente disse que de fato sentia-se menos seguro em ser operado por alguém que ele não conhecia, mas que isso não era um "trauma de infância", que ele apenas queria conhecer o médico, só isso. Considerando que o paciente não fazia disso uma questão, um sintoma psicanalítico, Antônio resolveu levar o caso para a reunião da equipe. Para ele, pelo menos no hospital, o psicanalista precisava fazer coisas que iam além da interpretação tradicional feita na poltrona do consultório. E o debate continuou por muito tempo no grupo de supervisão.

4
A clínica entre vários

Um aspecto muito particular do trabalho psicanalítico no hospital é a circunstância de ele ser uma clínica entre vários, o que remete o psicanalista a uma rede de relações profissionais, institucionais, burocráticas e também clínicas. Das consequências clínicas desse enredamento que se dá no hospital já tratamos ao longo do livro. Reservamos este último capítulo para algumas considerações sobre os aspectos mais profissionais e corporativos entre a psicanálise, a medicina e a psicologia hospitalar.

A "clínica entre vários" é uma expressão especialmente feliz de Jacques-Alain Miller (2006), cunhada para se referir a uma psicanálise praticada de forma interdisciplinar e aplicada ao sintoma. Ele usou a expressão pela primeira vez em um simpósio em Bruxelas para se referir: "[...] tanto a uma modalidade de psicanálise aplicada ao sintoma e ao sofrimento, quanto a prática interdisciplinar orientada pela ética da psicanálise" (p. 20). Esse evento era um simpósio sobre o tratamento de crianças autistas, mas se por ventura fosse um simpósio sobre a clínica psicanalítica no hospital geral a expressão seria ainda mais apropriada, pois no hospital são vários os pacientes, vários os profissionais, várias as teorias e vários os sofrimentos. Sim, a cena hospitalar é variadíssima.

A psicanálise e a medicina

Até onde podemos ver a medicina não chamou o psicanalista ao hospital. Quando precisava de alguém para cuidar do que ela não cuida, a subjetividade, a atitude médica sempre foi enviar o paciente para fora do hospital em direção ao consultório do analista. A medicina também não se sente em crise epistemológica, ou clínica. Para ela as coisas vão muito bem, obrigado, consegue curar cada vez mais doenças, e as proezas médicas em termos de prolongamento da vida, de novos equipamentos diagnósticos e novos remédios estão diariamente na mídia.

O psicanalista entrou no hospital porque quis, porque achou que tinha algo a fazer nessa cena; foi ele que chegou e disse: "Ei, eu tenho a algo a fazer aqui". Nesse sentido, o psicanalista é um intrometido, não um convidado, posição, aliás, que não é inusitada. Lacan já anunciava que o analista é um oferecido, e que com a oferta se cria a demanda. Se isso faz sentido na psicanálise de consultório, no hospital é mais evidente ainda.

O propósito explícito do psicanalista no hospital é focalizar a subjetividade do paciente, mas a sua presença não passa despercebida pela medicina. Pode não ser valorizada, sendo mesmo muitas vezes ridicularizada, mas não é sem consequências. Para além do cuidado clínico com o sujeito a psicanálise pretende alguma coisa em relação à medicina como instituição, como discurso estabelecido? Para alguns, dentre eles médicos, enfermeiros, administradores, e até mesmo alguns psicanalistas mais empolgados, pode parecer que a psicanálise vem para "aperfeiçoar" a medicina, mas nada justifica essa presunção. Não temos esse poder.

Ao procurar abrir um espaço para a inclusão da subjetividade na cena hospitalar, a psicanálise pretende favorecer a travessia do adoecimento por parte do sujeito, sem a intenção de corrigir ou aperfeiçoar a medicina com sua presença. A psicanálise não é a peça que faltava na medicina para que esta se transforme em um empreendimento perfeito; não acreditamos em empreendimentos perfeitos.

A psicanálise também não se propõe a ser uma alternativa à medicina, não pretende substituí-la como forma de tratar as doenças. Na verdade, a psicanálise não se propõe a nada em relação à medicina enquanto instituição, pois seu foco é o paciente, quando muito familiares e outros profissionais, mas muito eventualmente. Souza (2000), no texto "Nas vias do desejo", publicado na coletânea *Psicanálise e hospital*, buscando esclarecer as pretensões da psicanálise, diz que: "[...] dentre tantas respostas para o sofrimento humano, como a ciência e a religião, pensamos que a psicanálise pode ser também uma das possibilidades do sujeito encontrar um caminho para lidar melhor com seu sofrimento" (p. 17). Dessa afirmação se deduz que o objetivo da psicanálise não é nem mesmo o tratamento das doenças, como é o da medicina, e sim a travessia do adoecimento, disso resultando que a psicanálise não se propõe a ser uma substituta da medicina, pois não pretende fazer a mesma coisa que ela faz.

A psicanálise não está no hospital para cuidar da medicina, o analista não está aí para analisar nem a medicina nem o médico. O psicanalista da equipe é "da equipe", no sentido de pertencer a ela, e não no sentido de ser o analista que analisa a equipe, a não ser quando isso é explicitamente combinado, o que quase nunca acontece. A maioria dos psicólogos, e talvez dos psicanalistas também, sai dos cursos de formação carregando em sua "bagagem imaginária" a ideia de que todo mundo precisa de terapia, de análise, de que análise faz bem para todo mundo, mas evidentemente as coisas não são assim. Lacan já nos lembrou que faz análise quem pode, não quem quer, e ele não estava falando de poder em termos de dinheiro, mas em termos de outras condições, sendo uma delas um mínimo de demanda de atendimento, o que não há nas equipes médicas e na medicina em geral. Não se ouve a medicina dizer "meu analista", como dizem os analisandos costumeiramente.

Cabe ao analista evitar a tentação de ser o analista de todo mundo no hospital, e em especial de seus colegas médicos, pois estes, às vezes, até se sentem tentados a pegar uma carona no atendimento psicológico da paciente. É frequente, na hora do cafezinho, o médico, conversando com o psicólogo sobre algum paciente, deslizar de maneira imperceptível para algum comentário pessoal ou familiar, algo do tipo: "Ah, minha irmã também é assim", ou "Você sabe que às vezes eu me sinto assim, e aí eu...". Se nesse momento o analista, tentando criar condições de atendimento para o médico, sugerir um encaminhamento para algum colega, ou mesmo quiser marcar um horário com ele próprio em condições mais formais, receberá como resposta um recuo estratégico: "Não, não precisa, eu estava apenas comentando". E não vai aqui nenhuma crítica a esse comportamento do médico, pois não acreditamos que terapia ou análise seja para todo mundo a toda hora.

O atendimento analítico tem indicação, hora e condições de possibilidades; não é uma panaceia. Não é necessário ouvir qualquer comentário pessoal, ou desabafo, como uma demanda de tratamento.

O que acontece é que, além de a oferta criar uma demanda, como nos ensina Lacan, a simples presença de um profissional também desperta uma demanda, e não necessariamente de tratamento. Note-se que muitas vezes a simples presença de um médico faz alguém querer falar de seus problemas de saúde, mesmo quando a situação não é a mais indicada, como por exemplo em uma festa. Sobre isso, conta-se uma piada atribuída a Millôr Fernandes, humorista brasileiro. Dizem que em uma festa um general do Exército aproximou-se e disse: "Você é humorista, então conte uma piada". Millôr respondeu: "Eu conto, mas depois que o senhor der um tiro de canhão".

Não é apenas no hospital que o analista precisa lidar com essa demanda imaginária da sociedade sobre sua função. Nas famílias isso acontece com muita frequência, e com consequências nefastas para o psicanalista. Quase toda psicóloga já ouviu em sua casa algo do tipo: "Você não pode brigar assim com sua irmã, você é psicóloga". O que está por trás dessa manipulação familiar é a ideia de que o psicólogo é um ser humano especial, mais resolvido, mais controlado, o que não é verdade. O psicólogo e o psicanalista não são seres humanos especiais ou superiores, eles são apenas seres comuns que assumem, de vez em quando, no seu contexto de trabalho, uma posição especial, é só isso. Se alguém se esquecer disso e de fato quiser acreditar que por ser psicólogo, por ter formação em psicanálise, se tornou um ser humano especial, estará apenas aumentando a altura de sua futura queda narcísica.

Mas o fato de não se propor a nada corretivo em relação à medicina não quer dizer que a psicanálise não tenha algum efeito sobre ela, mesmo sem pretender. Pela simples presença na cena hospitalar a psicanálise haverá de gerar alguma consequência na medicina, pequena ou grande, importante ou anódina? Ainda não dá para saber, pois faz muito pouco tempo que as duas convivem na cena hospitalar. E o contrário, o que se pode dizer do efeito da medicina sobre a psicanálise?

É inegável o fascínio exercido pela medicina sobre os psicanalistas. A medicina é fascinante, tanto do ponto de vista intelectual quanto da valorização social, e desperta um grande interesse em filósofos, antropólogos, sociólogos e psicanalistas; prova disso é o grande número de programas de pós-graduação, em diversas universidades brasileiras, dedicados à história da medicina e à representação social da medicina.[1] O número de dissertações de mestrado e de teses de doutorado de psicólogos e psicanalistas sobre algum aspecto da medicina é enorme.[2] Uma importante revista de psicanálise, a *Revista Latinoamericana de Psicopatologia Fundamental* tem, há mais de dez anos, uma interessante e produtiva coluna denominada “Observando a medicina”.

Entretanto, esse é um amor não correspondido; a medicina não se interessa muito pela sociologia, pela antropologia, muito menos pela psicanálise. Na verdade, a medicina parece não se interessar nem por sua própria história, nem pelos aspectos filosóficos, sociais e antropológicos de sua prática. Clavreul (1983) comenta que:

1 PUC em São Paulo e UFRJ no Rio de Janeiro, para citar apenas duas.

2 Consulta à base de dados da biblioteca da PUC-SP pelo link <biblio.pucusp.br>.

> Os psiquiatras talvez leram a *História da loucura* de Foucault, mas os clínicos, os médicos de verdade, raramente leram o *Nascimento da clínica*, também de Focault, e muito menos *O normal e patológico*, de Canguilhem. Esta costuma ser uma leitura de psicólogos, filósofos e psicanalistas (p. 43).

Inexistem nas instituições médicas de ensino e pesquisa programas direcionados à história ou à filosofia da medicina, e menos ainda ligados à psicanálise. Podemos mesmo dizer que a psicanálise é um não tema da medicina, exceção feita à medicina psiquiátrica, em que ela vem se transformando apenas em um tópico histórico, senão meramente folclórico.

Acontece que a medicina não é simplesmente, como pensam os médicos, uma prática técnica em relação à qual bastaria "se matar de estudar e trabalhar" para se alcançar um bom resultado; ela é também uma prática social e ideológica, que exige pensar, refletir e conversar, além de clinicar. Se os médicos não fazem isso, deixam o espaço para que outros o façam. Nesse sentido, podemos dizer que sociologicamente a medicina é importante demais para ser deixada apenas nas mãos dos médicos, e, em especial, quando eles estão dispostos a ficar apenas com a parte técnica, operacional. Essa recusa da discussão conceitual e filosófica por parte da medicina vem lhe rendendo problemas dos mais significativos. Apenas para citar dois deles: a reforma psiquiátrica brasileira, que quando a psiquiatria se deu conta já estava feita, à sua revelia; e a questão do movimento de outras categorias de profissionais de saúde disputando certas prerrogativas que culminou com o problema da contestação do projeto de lei que regulamentaria a atividade médica, o chamado ato médico.

É claro que mesmo se os médicos trabalhassem sobre esse tema isso não anularia a legitimidade dos estudos sociológicos e filosóficos propriamente ditos. O que chama a atenção não é o interesse pela medicina que assistimos nos outros profissionais, e sim a ausência de interesse por esses temas que vemos nos médicos atuais, e a falta de preparo teórico devido à ausência de disciplina da área de humanidades no currículo médico. Os médicos que se interessam pela história, ou pela filosofia médica, o fazem a título de *hobby*, de curiosidade, não pensam que isso de fato faça parte da medicina. Que residente de medicina deixaria de fazer um seminário sobre novas técnicas de sutura para participar de uma mesa-redonda sobre a história social da cirurgia? Muito poucos. Para a maioria dos médicos, mesmo comentários como estes que estamos fazendo aqui parecem perda de tempo. Os médicos seguem praticando a medicina com muito orgulho, filósofos, psicólogos e psicanalistas é que se reúnem para estudar o significado desta ou daquela forma de medicina.

A medicina antropofágica

A convivência intramuros entre a medicina e a psicanálise evidentemente não tem consequências apenas para a medicina; a psicanálise também é impactada. Os autores psicanalíticos não se cansam de advertir sobre os riscos de a psicanálise ser engolida, seja por outras práticas psi de orientação não analítica, seja pelo discurso médico, numa espécie de antropofagia médica.

De fato parece que esse risco existe. Sobre a diluição da psicanálise em outras práticas psi trataremos mais adiante; aqui vamos nos concentrar no risco de a psicanálise ser engolida pela medicina. Muitas forças empurram o psicanalista em direção ao médico, tanto pessoais quanto teóricas e sociais. A possibilidade de usar branco, trabalhar no hospital, ser chamado de doutor, pode acabar funcionando como curativo narcísico para possíveis frustrações do psicanalista, como, por exemplo, o desejo de ser médico, que por alguma razão não pode ser levado adiante. Pelo fascínio intelectual que a medicina exerce, e por uma possível busca de valorização profissional e social, tendo a profissão médica como ideal, o psicanalista corre o risco de, encandeado pelo brilho do discurso médico, estabelecer uma identificação entre medicina e psicanálise, como se as duas fossem a mesma coisa, uma cuidando do corpo, e a outra da alma. A medicina nada teria a opor a essa identificação, até a incentivaria; o problema é que do ponto de vista psicanalítico isso não se sustenta, nem teórica nem clinicamente.

O psicanalista não é o médico da alma, como aparece no imaginário popular e hospitalar, pois leva em conta tanto a alma quanto o corpo, como demonstram os conceitos de pulsão, gozo e sexualidade, entre outros. Evidentemente que o "corporal" é tomado de formas distintas pela psicanálise e pela medicina. Para começar, a psicanálise faz uma distinção entre "corpo" e "físico", distinção esta que não aparece na medicina. Para a psicanálise, corpo já é uma noção que carrega algo de psíquico, não é sinônimo de físico como acontece na medicina. O corpo vai além da materialidade física dos órgãos do ser humano, ele inclui a representação mental que o ser tem de si mesmo fisicamente. Por causa dessa concepção, a separação corpo-alma não é conceitualmente produtiva na psicanálise.

Mas esse não é o problema maior; a questão mais importante é que a psicanálise não é uma medicina, no sentido de não funcionar de acordo com o discurso médico. Ela não opera pela mesma lógica, e não faz com o psíquico aquilo que o médico faz com o corpo. A lógica da medicina funciona assim: primeiro ela identifica uma alteração no corpo do paciente, chama isso de doença, considera que o paciente nada tem a ver com ela e então passa a fazer tudo o que puder para acabar com essa doença.

Não é assim que um psicanalista trabalha: ele não começa de uma alteração corporal, mas sim de uma demanda significante, e considera que o que faz o ser humano sofrer não é algo vindo de fora, mas algo que lhe pertence e com o qual ele vai ter de se haver de alguma forma. Não são as mesmas as noções de doença e de cura que impulsionam a medicina e a psicanálise; para a primeira, a cura é um retorno ao estado pré-mórbido, eliminando-se tanto quanto possível qualquer vestígio do processo mórbido; e para a segunda, a cura é um processo de elaboração, de travessia, não de eliminação do patológico, no final do qual não se volta jamais a ser como antes, mas transforma-se em algo novo que não se sabe direito o que é. Então, a alegoria do médico da alma, por mais honrosa e sedutora que seja, não é pertinente.

E ainda mais: se fosse para fazer a mesma coisa que a medicina faz, para que serviria a psicanálise? Um pouco mais do mesmo? Não, a psicanálise tem um trabalho a fazer no hospital que nenhum dos vários outros que nele labutam se dispõem a fazer: favorecer a emergência do sujeito. Ninguém no hospital, além do psicanalista e do psicólogo, tem treinamento para tal tarefa. É esta a originalidade da psicanálise, que merece ser mantida, e é isso que justifica o cuidado para que ela não seja engolida pela medicina, pois é o que acaba acontecendo inercialmente pela convivência cotidiana com o modelo médico. Um excelente exemplo disso é a questão dos protocolos, que ajudam medicina se tornar mais segura e eficaz, mas, se adotado por um psicanalista, é antiproducente na medida em que seu trabalho é favorecer a emergência da singularidade, da individualidade, e não da padronização do mundo dos protocolos.

O que eles esperam de nós

O fato de a medicina estar pouco interessada no discurso psicanalítico não a impede de usar a psicanálise como depositária daquilo que lhe escapa: o sujeito. Do mesmo modo que existem hospitais de retaguarda para os pacientes fora das possibilidades de cura, existem os "profissionais psi" para os aspectos subjetivos do paciente. O que se espera do psicanalista é que ele acomode a pessoa em seu papel de paciente para que a medicina possa realizar seu trabalho, que ele seja capaz de colocar um pouco de ordem nos famosos fatores psíquicos que tanto desarrumam a ordem médica. Mas é esse o trabalho do analista no hospital, o de auxiliar do objetivo do médico? Ao aceitar esse tipo de demanda, a psicanálise também estaria sendo engolida pela medicina, pois deixaria de lado seu projeto próprio. Mas qual é o projeto próprio da clínica psicanalítica no hospital?

Esse projeto próprio não é muito claro nem para os psicanalistas, que são recém-chegados na cena hospitalar e ainda estão procurando inventar sua função. Comentando esse tópico, Clavreul (1983) diz que:

> [...] na falta de identificar o que constitui a originalidade de seu próprio discurso e de sua clínica em relação à

medicina, o analista se deixa confinar nessa alternativa médica. Por essa dificuldade de definir qual é o seu trabalho próprio, diferente do trabalho do médico, o psicanalista acaba adotando como seu o projeto médico. Se nem nós mesmos sabemos direito o que estamos fazendo no hospital, não é justo esperar que os médicos saibam. Portanto, é compreensível, e compatível com a lógica da cena hospitalar, onde tudo deveria ser guiado para o trabalho de cura médica dos pacientes, que os médicos esperem do psicanalista um trabalho auxiliar. Esse trabalho até pode ser feito, mas ele não esgota a estratégia da psicanálise no hospital, que é outra: favorecer a emergência do sujeito no contexto do adoecimento. É nesse sentido que é importante a psicanálise procurar se destacar do modelo médico; ela oferece outra coisa, coisa esta que consideramos valiosa e original (p. 17).

A cena administrativa

Nas equipes de cirurgia bariátrica já é rotineira a figura do psicólogo. O que significa essa institucionalização? Significa que a equipe reconhece o valor da subjetividade? Um pouco, mas a principal razão para a exigência de um relatório do psicólogo para a realização da cirurgia bariátrica é burocrática, e não clínica. É claro que os médicos, pelo menos alguns, podem querer saber se o paciente tem condições psíquicas para a cirurgia e principalmente para o pós-operatório, e para isso podem solicitar a ajuda do psicólogo, mas a exigência é uma manobra dos convênios médicos e seguros de saúde para dificultar o acesso dos pacientes ao procedimento. O que poderia parecer o reconhecimento do valor do papel do psicólogo, ou da subjetividade envolvida na obesidade, não passa de um ato administrativo travestido de clínico.

Juliete é uma analista com um longo percurso na clínica de consultório que recentemente fez contato com uma equipe de cirurgia bariátrica e passou a receber pacientes para avaliação pré-operatória. "Os pacientes costumam vir três ou quatro vezes ao consultório, recebem o relatório, fazem a cirurgia e 'somem'", queixa-se Juliete em uma de suas supervisões clínicas. Ela reclama que os pacientes "só querem o relatório", que não estão de fato interessados em saber por que comem tanto, e que no fundo os médicos também não os incentivam a buscar uma análise. Com o tempo Juliete deu-se conta de que sim, que é exatamente isso, que os pacientes não tinham nenhuma demanda de análise ou de trabalho subjetivo, e que tudo o que eles queriam era a liberação para a cirurgia bariátrica. Com isso Juliete percebeu também que sua frustração estava ligada à sua suposição imaginária de que todo mundo precisa de análise, ou de que todo mundo, em especial os obesos, precisa de análise. Quando ela pôde questionar essa ideia passou a lidar de forma mais realista com a verdadeira demanda por laudos e a não confundi-la com demanda de análise. O paciente nunca quis uma análise, ou alguns que quiseram procuraram por conta própria e não porque o convênio obrigou a uma avaliação psicológica.

Cabe aos psicanalistas conhecer a realidade institucional e administrativa na qual se está inserido para não se envolver em lutas quixotescas em prol da subjetividade. A atuação do psicanalista em instituições públicas ou privadas, industriais, educacionais ou hospitalares nunca é livre, está sempre condicionada, como nos mostra Figueiredo (2002):

> [...] a uma série de atores como: estrutura do serviço (hospitalar, psiquiátrico, universitários, estritamente ambulatoriais), estrutura do trabalho clínico (equipes multiprofissionais,

> serviços por especialidades, ausência de equipes), estrutura da política de assistência (rede de serviços na área, projetos sociais de habitação, trabalho com pacientes graves) que podem ser mais ou menos favoráveis ao trabalho psicanalítico. É preciso avaliá-los e situar-se em relação às prioridades que propõem (p. 170).

Outra situação na qual a presença dos psicólogos é garantida por lei é nos serviços de hemodiálise. Por quê? Por acaso nas patologias renais a subjetividade joga um papel mais importante que nas outras doenças médicas? Claro que não. Provavelmente isso é fruto muito mais do *lobby* dos psicólogos junto a instâncias governamentais do que o reconhecimento da importância da subjetividade.

A medicina e a psicanálise convivem no mesmo espaço e atendem a mesma pessoa, embora não o mesmo sujeito. O psicanalista e os médicos se afetam mutuamente, mas não precisam se tornar um só nem se tornar oponentes. Se conseguirem uma espécie de clínica articulada já será de grande valia para o paciente que é um só, e para os profissionais ele é dois ou mais. Essa articulação também pode ser proveitosa teoricamente na medida em que constrói um campo de estudos comparados que obriga maior rigor e maior clareza nas formulações teóricas dos profissionais para que eles possam se comunicar proveitosamente entre si. A entrada do psicanalista na cena hospitalar não pretende a unificação das duas clínicas, longe disso. Em nossa visão, elas não são unificáveis, e não haveria vantagem alguma em tal operação. Defendemos, baseados na filosofia de Edgard Morin (2005), a ideia de que a melhor forma de articular as duas coisas é individualizando-as previamente: discriminar para conectar. A existência de tantas estratégias e escolas terapêuticas poderia indicar que estão todas erradas, já que nenhuma resolve em definitivo a principal questão. Mas não é assim, não há nenhum problema na clínica entre vários, do mesmo modo existem muitas canções diferentes sobre o amor e estão todas certas. Vejamos como se dá isso na prática.

O sr. Antônio tem câncer no rim e está na fila do transplante. Na última semana ele tem se mostrado muito triste e desesperançoso, falando de morte, achando que não vai sobreviver. Vejamos como os vários personagens da cena hospitalar reagem a tal afirmação. A filha diz: "Papai, nem fale nisso, vai dar tudo certo, vamos mudar de assunto", numa clara tentativa de negar a situação. O médico ouve e explica para o paciente que ele é portador de um câncer do tipo adenocarcinoma e que no último congresso da Associação Mundial de Nefrologia, realizado recentemente em Pittsburgh, no qual ele esteve presente, havia muitos estudos que demonstravam uma sobrevida de muitos anos, com desvio-padrão de 7,5 anos, ou seja, tentava racionalizar a questão como forma de escapar da angústia. Já o padre, capelão do hospital, disse para sr. Antônio que "Deus sabe o que faz; Deus é que sabe a hora de cada um". E o psicanalista, o que faz? Enquanto a filha escapa pela negação, o médico pela racionalização e o religioso ilumina a angústia com a luz divina, o psicanalista nada diz, faz silêncio, espera que o sr. Antônio faça ele próprio algo com sua angústia, no máximo se vale do anedótico "fale mais sobre isso", ou um simples meneio de cabeça que sinalize para sr. Antônio que ele pode continuar a falar. Além disso, o psicanalista se prepara para, a qualquer momento, se entender que o nível de angústia é excessivo, passar a funcionar no discurso do médico, da família ou do religioso, o que for preciso para administrar a angústia do encontro.

A psicanálise e a psicologia

Nos capítulos anteriores estabelecemos uma distinção entre psicanálise e psicossomática. Aqui vamos tratar das diferenças entre a psicanálise e a psicologia hospitalar. Mas quem se importa com isso? Aliás, tem isso alguma importância ou é mera vaidade intelectual? Para pacientes, médicos, enfermeira e administradores, "é tudo a mesma coisa". Mas para enfermeiros e psicanalistas as diferenças parecem abissais.

Para alguém que se define como psicanalista no hospital, poderíamos perguntar: por que quer ser psicanalista no hospital? Não lhe basta ser médico, ser psicólogo, ser terapeuta, ser assistente social? O que a psicanálise pode lhe trazer que não trazem as outras abordagens? Por que é importante marcar claramente o que é e o que não é psicanálise no hospital? Para que isso serve? Isso tem a ver com a própria sobrevivência da psicanálise como instituição ou tem repercussões clínicas? São diferentes os efeitos de práticas psicanalíticas quando comparadas com práticas não psicanalíticas no interior do hospital? A travessia do adoecimento a bordo de uma balsa psicanalítica é diversa daquela travessia a bordo de uma canoa comportamentalista? Essa discussão é uma espécie de questão interna ao campo psi, mas não exclusiva do campo hospitalar; na verdade, essa discussão é um capítulo de um debate muito maior entre a psicanálise e a psicoterapia, já de longa tradição.

Do ponto de vista profissional, a psicologia hospitalar é o campo maior dentro do qual alguns são psicanalistas e outros não, ou seja, a psicanálise seria um subtipo da psicologia hospitalar, arranjo que do ponto de vista teórico não se sustentaria. O que acontece é que, administrativamente falando, do ponto de vista burocrático, a psicanálise não existe, ou melhor, psicanálise não é profissão, não é cargo, é uma posição teoricoclínica, um discurso. Note-se que nos hospitais não existem vagas nem concursos para psicanalistas, e sim para psicólogos. Do ponto de vista dos gestores, há até um certo engodo nessa situação; eles contratam psicólogos e recebem para trabalhar psicanalistas. E do ponto de vista dos psicanalistas, essa ambivalência profissional gera as *Vastas confusões e atendimentos imperfeitos*, título do magnífico livro de Figueiredo (2002) sobre a prática psicanalítica nas instituições.

Para o bem e para o mal, o psicanalista entra no hospital pela porta da psicologia. Atualmente, a maioria dos psicanalistas que frequentam o hospital profissionalmente tem graduação em psicologia, alguns poucos em terapia ocupacional, fisioterapia, ou mesmo em assistência social, mas cada vez mais são graduados em psicologia os psicanalistas do hospital, com ou sem formação em psicanálise. Se uma pessoa se designa psicanalista, provavelmente ela deseja ser analista, ou seja, ela quer atender pacientes no consultório particular conforme o modelo consagrado pela psicanálise freudiana. Mas acontece que, do ponto de vista profissional e econômico, ser psicanalista é uma atividade bem complicada. É difícil fazer dela sua fonte de renda principal, e conseguir tirar daí sua sobrevivência. A concorrência é muito grande, existem muitos psicanalistas, psicólogos e terapeutas no mercado e, ao que parece, a clientela vem diminuindo, entre outras razões, porque muitas pessoas parecem preferir tratamentos mais rápidos, como os medicamentosos. Então, o psicanalista precisa buscar sua sobrevivência econômica em outros lugares, além do consultório privado, e aí o trabalho em outros campos surge como opção. É como ter um remédio e buscar uma doença para ser tratada por ele, ou ter um produto e precisar de mercado para ele. Talvez isso explique, junto a outros fatores, a invasão da psicanálise no cotidiano da vida e, mais recentemente, em várias áreas, como o esporte, a justiça, a vida escolar e, em especial, o hospital. Assim, o psicanalista vai para o hospital, pois aí tem emprego, especialmente os hospitais públicos, através de concursos. Vai para o hospital, mas corre o risco de ficar preso a uma nostalgia do gabinete, tentando construir no hospital a sua desejada prática da psicanálise de divã. Nada impede que o psicanalista trabalhe no consultório e no hospital, e onde mais achar que tem algo a contribuir, mas não cabe querer transformar todos os cenários de atuação em consultório privado; isso seria um erro técnico, senão ético.

Evidentemente que a pressão econômica não é única força a levar o psicanalista para o interior do hospital; há também o que vamos chamar de vocação, de desejo de trabalhar na área da saúde. Assim, entre a nostalgia do gabinete do analista e o fascínio do modelo médico, o psicanalista inventa uma clínica na cena hospitalar, cuidando para não ser engolido por esses modelos, mas também sem poder abrir mão da inspiração e da motivação que vêm deles.

Vejamos agora como as coisas ficam do ponto de vista clínico. Quando consideradas a partir da noção bastante ampla das práticas clínicas que funcionam pelo simbólico, pela palavra, a psicanálise e a psicologia hospitalar fazem parte do mesmo grupo, o grupo das psicoterapias, conceituado por Freud (1904), no artigo "Sobre a psicoterapia", como um tratamento tanto dos transtornos psíquicos quanto dos corporais, que atuam, em primeiro lugar e imediatamente, sobre psíquico do homem.

Entretanto, quando olhamos esse grupo com uma aproximação maior, começam a relevar as diferenças; é como a Terra que, se olhada de muito longe, parece um planeta azul, todo azul, homogêneo, mas, quando vista mais de perto, exibe suas diferenças, a principio duas – terra e mar –, diferença importante, pois em uma sobrevive o humano e na outra não. Também no campo das psicoterapias temos diferenças significativas; uma delas é a diretividade. Algumas práticas clínicas pela palavra estabelecem uma meta a ser alcançada, supõem um estado psíquico considerado ideal, que o paciente deve alcançar, e procuram levar o paciente a esse alvo terapêutico através de passos preestabelecidos, através de atendimentos estruturados.

Outras práticas funcionam de forma mais livre, deixam que o paciente siga o fluxo de seus pensamentos e não estabelecem um ideal de ser humano a ser alcançado. A psicanálise faz parte deste último grupo e trabalha com a associação livre e a escuta flutuante, abstendo-se de estabelecer um jeito certo de vivenciar o adoecimento. Essa diferença é importante no hospital, vai além de veleidades teóricas, pois a psicologia hospitalar, quando adota uma estratégia diretiva, inclui-se no modelo médico apagando a subjetividade. A psicanálise, com sua ética da não diretividade, é uma das poucas técnicas que favorecem o surgimento da individualidade e das singularidades do paciente, já tão assolado pelos protocolos da medicina. Esse é um dos pontos de originalidade da psicanálise, e uma das justificativas para sua presença no hospital: favorecer o surgimento da singularidade.

Mas a psicanálise não é a única prática clínica a valorizar a individualidade e a tentar criar espaço para a pessoa na cena hospitalar. A psicologia hospitalar de orientação fenomenológica e existencialista, por exemplo, faz da singularidade seu valor maior. A distinção aqui se dá em outro nível, o do inconsciente. Para a fenomenologia, quem adoece é um indivíduo singular e jogado no mundo para o que der e vier; enfrentando o desamparo existencial encarnado na doença e na morte. Já para a psicanálise, quem adoece é um ser humano que, além de jogado no mundo, é também assujeitado por um inconsciente que o sacode com suas pulsões sexuais, pulsões agressivas e desejos recalcados. É essa dimensão inconsciente que distingue a psicanálise da psicologia hospitalar de base fenomenológica. As duas práticas valorizam muito a subjetividade, mas enquanto a psicanálise considera uma subjetividade complexa, com aspectos dinâmicos, econômicos e tópicos, produzindo recalques, transferências, entre outras coisas, a psicologia hospitalar fenomenológica evita grandes teorizações, valorizando muito mais a vivência imediatamente dada à consciência.

A especificidade da psicanálise, sua valiosa singularidade, repousa, entre outras coisas, sobre a concepção de que o inconsciente joga seu papel no adoecimento. Se o inconsciente não causa a doença, sem dúvida contribui para sua forma; não é patogênico, embora claramente seja patoplástico, ou seja, ele não é a gênese, a causa necessária e lógica das doenças, mas tem a ver com a forma como ela faz parte da vida do paciente, seja no próprio adoecimento, seja na busca de tratamento. Nisso a psicanálise é singular, na possibilidade de escutar o sujeito de forma mais ampla e aberta a todas as suas vicissitudes, inclusive aquelas que possam ir contra a cura médica, como, por exemplo, a questão dos ganhos secundários e primários. Se a psicologia trabalha com a noção de ganho secundário, levando em conta as vantagens óbvias que o adoecimento traz, como mais atenção, liberação de certas obrigações, mais amor e maior condescendência, a psicanálise considera, além disso, o ganho primário, ou seja, o rearranjo econômico e pulsional provocado pelo processo fisiopatológico da doença, incluindo em sua concepção de adoecimento a dimensão inconsciente de um gosto perigoso para o próprio sujeito.

Em síntese, podemos dizer que há psicanálise e que há psicologia no hospital, e que elas se articulam de vários modos, se sobrepõem em muitos casos e, em outros, se distinguem radicalmente, havendo também relações de subordinação. Se do ponto de vista profissional e administrativo a psicanálise é uma espécie do gênero psicologia hospitalar, do ponto de vista clínico a psicanálise desfaz esse esquema classificatório, instalando-se em uma posição muito singular da qual é a única representante na cena hospitalar.

A travessia

O sujeito vem vindo pela vida e, então, de repente, ou às vezes lentamente, vê-se diante de uma realidade perigosa chamada adoecimento. A partir daí tem início uma travessia na qual o papel do psicanalista é de acompanhante, nunca de guia. O resultado dessa travessia do adoecimento não pertence ao psicanalista, depende do tipo de doença, das condições de assistência, tem a ver com a subjetividade do paciente e com tantas outras coisas. Nessa travessia os psicanalistas se assemelham aos antigos navegantes, que, sem poder mudar a direção dos ventos, esmeravam-se na arte de alterar a posição de suas velas.

Referências

ALBERTI, S. A demanda do sujeito no hospital. *Cadernos de Psicologia*. Rio de Janeiro: Instituto de Psicologia da UERJ, série clínica, n. 1, 1994.

______. Psicanálise, a última flor da medicina: a clínica dos discursos no hospital". In: ELIA, L. & ALBERTI, S. (Org.). *Clínica e pesquisa em psicanálise*. Rio de Janeiro: Rios Ambiciosos, 2000.

ALBERTI & ALMEIDA, C. P. Relatos sobre o nascimento de uma prática: psicanálise em hospital geral. In: ALTOÉ, S. & LIMA, M. M. (Org.) *Psicanálise, clínica e instituição*. Rio de Janeiro: Rios Ambiciosos, 2005.

AMERICANO, B. P. *Um estudo teórico clínico acerca da psicanálise no hospital geral*. EURJ, 2010. Disponível em: <www.pgpsa.uerj.br/dissertacoes/2010/Dissert_Bruna_Amer.PDF>. Acesso em: 29 set. 2014.

ANGERAMI, V. A. *O doente, a psicologia e o hospital*. São Paulo: Guazelli, 1994.

______. *E a psicologia entrou no hospital*. São Paulo: Guazelli, 1996.

BALINT, M. *O médico, seu paciente e a doença*. São Paulo: Atheneu, 2005.

BATISTA, G. (Org.) *Psicanálise e hospital 5*: a responsabilidade da psicanálise diante da ciência médica. Rio de Janeiro: Wak, 2011.

BERLINCK, M. T. *Psicopatologia fundamental*. São Paulo: Escuta, 2000.

CANGUILHEM, G. (1943) *O normal e o patológico*. Rio de

Janeiro: Forense Universitária, 1990.

CARVALHO, S. B. & COUTO, L. F. S. A presença do psicanalista no hospital geral: sua escuta e suas intervenções. In: BATISTA, G. (Org.) *Psicanálise e hospital 5*: a responsabilidade da psicanálise diante da ciência médica. Rio de Janeiro: Wak, 2011

CHEMAMA, R. *Dicionário de psicanálise*. Porto Alegre: Artes Médicas, 1993.

CLAVREUL, J. *A ordem médica*. São Paulo: Brasiliense, 1983.

COSTA, J. F. *Anuário Brasileiro de Psicanálise*. Rio de Janeiro: Relume-Dumará, 1991.

COUTINHO JORGE, M. A. Discurso médico e discurso psicanalítico. In: CLAVREUL, J. (Org.) *A ordem médica*. São Paulo: Brasiliense, 1983.

CREMESP. *Jornal do Cremesp*, n. 315. Conselho Regional de Medicina do Estado de São Paulo, 2014.

CRUZ, A. D. G. *A psicanálise aplicada no núcleo de investigação em anorexia e bulimia*. Belo Horizonte: PUC-Minas, 2007. Disponível em: <www.pucminas.br/documentos/dissertações>. Acesso em: 22 set. 2013.

DI CACCIA, A. A prática entre vários. In: ALTOE, S. L. & MELLO, M. (Org.) *Psicanálise clínica e instituições*. Rio de Janeiro: Rios Ambiciosos, 2005.

DSM. *Manual de diagnóstico e estatística de transtornos mentais*. IV-TR. Porto Alegre: Artes Médicas, 2000.

FENICHEL, O. Problèmes de technique psychanalityque. *Revue Française de Psychanalytique*, t. 15, 1951.

FIGUEIREDO, A. C. *Vastas confusões e atendimentos imperfeitos*. Rio de Janeiro: Relume-Dumará, 2002.

FIRKIN, B. G. & WHITWORTH, J. A. *Dictionary of medical eponyms*. Nashville: Parthenon Publishing, 1987

FREUD, S. (1893) Estudos sobre a histeria. *Edição Standard Brasileira das Obras Psicológicas Completas*. Rio de Janeiro: Imago, 1996; v. II.

_______. (1890/1905) Tratamento psíquico. *Op. cit.*, v. VII.

_______. (1901) Psicopatologia da vida cotidiana. *Op. cit.*, v. VI.

_______. (1903) O método psicanalítico de Freud. *Op. cit.*, v. VII.

_______. (1904) Sobre a psicoterapia. *Op. cit.*, v. VII.

______. (1912) A dinâmica da transferência. *Op. cit.*, v. XII.

______. (1913) Novas observações sobre a técnica da psicanálise: o início do tratamento. *Op. cit.*, v. XII.

______. (1925) Um estudo autobiográfico. *Op. cit.*, v. XX.

______. (1926) Inibições, sintomas e ansiedade. *Op. cit.*, v. XX.

______. (1927) O futuro de uma ilusão. *Op. cit.*, v. XXI.

______. (1937) Análise terminável e interminável. *Op. cit.*, v. XXIII.

GARCIA, C. A responsabilidade da medicina e a responsabilidade da psicanálise: a psicanálise não será arrogante. In: BATISTA, G. (Org.) *Psicanálise e hospital 5*: a responsabilidade da psicanálise diante da ciência médica. Rio de Janeiro: Wak, 2011.

GRODDECK, G. *O livro d'isso*. São Paulo: Perspectiva, 1997.

GUARNIERI, G. *Ponto de partida*. São Paulo: Brasiliense, 1976.

GUIMARÃES, K. B. S. *Saúde mental do médico e do estudante de medicina*. São Paulo: Casa do Psicólogo, 2007.

KRIS, E. Psychologie du moi et interprctation dans la thérapie psychanalytique. *Ornicar?*, n. 46, 1988.

LACAN, J. La famille. Chapitre 1: Le complexe factuer secret de la psychologie familiale. In: *L'Encyclopédie Française*, t. VIII, 1938.

______. (1945) O tempo lógico e a asserção da certeza antecipada. In: *Escritos*. Rio de Janeiro: Jorge Zahar, 1998.

______. (1953) *Escritos*. Rio de Janeiro. Jorge Zahar, 1998.

______. (1953-1954) *O Seminário*. Livro 1: Os escritos técnicos de Freud. Rio de Janeiro: Jorge Zahar, 1986.

______. (1954) O estádio do espelho como formador da função do eu tal como nos revela a experiência psicanalítica. In: *Escritos*. Rio de Janeiro: Jorge Zahar, 1998.

______. (1958) A direção do tratamento e os princípios de seu poder. In: *Escritos*. Rio de Janeiro: Jorge Zahar, 1998.

______. (1959-1960) *O Seminário*. Livro 3: As psicoses. Rio de Janeiro: Jorge Zahar, 1988

______. (1972-1973) *O Seminário*. Livro 20: Mais, ainda. Rio de Janeiro: Jorge Zahar, 1985.

______. (1969-1970) *O Seminário*. Livro 17: O avesso da

psicanálise. Rio de janeiro: Jorge Zahar, 1992.

______. (1975) *Conferência aos estudantes*. Yale: University Press.

______. (1976-1977) *O Seminário*. Livro 24: L'insu que sait de l'une bévue s'aile à mourre. Inédito.

LAPLANCHE, J. & PONTALIS, J.-B. *Vocabulário da psicanálise*. São Paulo: Martins Fontes, 1988.

LAPLANTINE, F. *Antropologia da doença*. São Paulo: Martins Fontes, 1991.

LEMINSKI, P. *Toda poesia*. São Paulo: Companhia das Letras, 2013.

LLOSA, M. V. *Cartas a um jovem escritor*. São Paulo: Campus, 2008.

MEZAN, R. *A vingança da esfinge*. São Paulo: Casa do Psicólogo, 2002.

MILLER, J.-A. *Os poderes da palavra*. Rio de Janeiro: Jorge Zahar, 1996.

______. *Efectos terapéuticos rápidos*: conversasiones clínicas con Jacques-Alain Miller en Barcelona. Buenos Aires: Paidós, 2006.

MORETTO, M. L. T. *O que pode um analista no hospital?* São Paulo: Casa do Psicólogo, 2001.

MORIN, E. *Introdução ao pensamento complexo*. Porto Alegre: Sulinas, 2005.

MOURA, M. D. *Psicanálise e hospital*. Rio de Janeiro: Revinter, 2000.

NEW SCHOOL FOR SOCIAL RESARCH. Reading literary fictions improves theory of mind. *Ser Médico*. Conselho Regional de Medicina de São Paulo, 2014.

NÚCLEO DE INTERVENÇÕES PSICOLÓGICAS EM EMERGÊNCIAS – IPE. Disponível em: <www.4estacoes.com/nucleo_intervencoes_emergencias.asp>. Acesso em: 18 mar. 2015.

ORGANIZAÇÃO MUNDIAL DA SAÚDE. *CID: Classificação dos transtornos mentais e de comportamento*. Porto Alegre: Artes Médicas, 1992.

OSHO, B. S. R. *Tantra*: a suprema compreensão. São Paulo: Cultrix, 1975.

PACHECO FILHO, R. A. A prática médica: a hipermodernidade e o paciente do SUS. In: BATISTA, G. (Org.) *Psicanálise e hospital 5*: a responsabilidade da psicanálise diante da ciência médica. Rio de Janeiro: Wak, 2011.

PASTERNAK, C. *O que nos torna humanos?* Lisboa: Texto & Grafia, 2007.

PEREIRA, M. E. C. *Pânico e desamparo*. São Paulo: Escuta, 2000.

PINTO, J. M. Responsabilidade e contingência: desafios na formação do analista. In: BATISTA, G. (Org.) *Psicanálise e hospital* 5: a responsabilidade da psicanálise diante da ciência médica. Rio de Janeiro: Wak, 2011.

QUINET, A. *As 4+1 condições da análise*. Rio de Janeiro: Jorge Zahar, 1997.

RAMOS Jr., J. *Semiotécnica da observação clínica*. São Paulo: Sarvier, 1995.

REZENDE, J. M. *A sombra do plátano*: crônicas da história da medicina. São Paulo: Unifesp, 2009.

ROCHA, L. O paciente diabético: a doença como metáfora ou a vida nada doce. In: BATISTA, G. (Org.) *Psicanálise e hospital* 5: a responsabilidade da psicanálise diante da ciência médica. Rio de Janeiro: Wak, 2011.

RODRIGUES, G. Prefácio. In: MOURA, M. D. (Org.) *Psicanálise e hospital*. Rio de Janeiro: Revinter, 2000.

ROMANO, B. W. Ponto de vista. *Revista Catharsis: Psicologia no Instituto do Coração de São Paulo*. Disponível em: <www.revistapsicologia.com.br>. Acesso em: 7 out. 2005.

SABINO, F. *O encontro marcado*. São Paulo: Record, 2005.

SIMONETTI, A. *Manual de psicologia hospitalar*: o mapa da doença. São Paulo: Casa do Psicólogo, 2004.

SOARES, C. P. Uma tentativa malograda de atendimento em um centro de tratamento intensivo. In: MOURA, M. D. (Org.) *Psicanálise e hospital*. Rio de Janeiro: Revinter, 1996.

SOUZA, E. M. C. D. Nas vias do desejo. In: MOURA, M. D. (Org.) *Psicanálise e hospital*. Rio de Janeiro: Revinter, 2000.

Coleção Clínica Psicanalítica
Títulos publicados

Perversão
Flávio Carvalho Ferraz

Psicossomática
Rubens Marcelo Volich

Emergências psiquiátricas
Alexandra Sterian

Borderline
Mauro Hegenberg

Depressão
Daniel Delouya

Paranoia
Renata Udler Cromberg

Psicopatia
Sidney Kiyoshi Shine

Problemáticas da identidade sexual
José Carlos Garcia

Anomia
Marilucia Melo Meireles

Distúrbios do sono
Nayra Cesaro Penha Ganhito

Neurose traumática
Myriam Uchitel

Autismo
Ana Elizabeth Cavalcanti,
Paulina Schmidtbauer Rocha

Esquizofrenia
Alexandra Sterian

Morte
Maria Elisa Pessoa Labaki

Cena incestuosa
Renata Udler Cromberg

Fobia
Aline Camargo Gurfinkel

Estresse
Maria Auxiliadora de A. C. Arantes,
Maria José Femenias Vieira

Normopatia
Flávio Carvalho Ferraz

Hipocondria
Rubens Marcelo Volich

Epistemopatia
Daniel Delouya

Tatuagem e marcas corporais
Ana Costa

Corpo
Maria Helena Fernandes

Adoção
Gina Khafif Levinzon

Transtornos da excreção
Marcia Porto Ferreira

Psicoterapia breve
Mauro Hegenberg

Infertilidade e reprodução assistida
Marina Ribeiro

Histeria
Silvia Leonor Alonso,
Mario Pablo Fuks

Ressentimento
Maria Rita Kehl

Demências
Delia Catullo Goldfarb

Violência
Maria Laurinda Ribeiro de Souza

Clínica da exclusão
Maria Cristina Poli

Disfunções sexuais
Cassandra Pereira França

Tempo e ato na perversão
Flávio Carvalho Ferraz

Transtornos alimentares
Maria Helena Fernandes

Psicoterapia de casal
Purificacion Barcia Gomes, Ieda Porchat

Consultas terapêuticas
Maria Ivone Accioly Lins

Neurose obsessiva
Rubia Delorenzo

Adolescência
Tiago Corbisier Matheus

Complexo de Édipo
Nora B. Susmanscky de Miguelez

Trama do olhar
Edilene Freire de Queiroz

Desafios para a técnica psicanalítica
José Carlos Garcia

Linguagens e pensamento
Nelson da Silva Junior

Término de análise
Yeda Alcide Saigh

Problemas de linguagem
Maria Laura Wey Märtz

Desamparo
Lucianne Sant'Anna de Menezes

Transexualidades
Paulo Roberto Ceccarelli

Narcisismo e vínculos
Lucía Barbero Fuks

Psicanálise da família
Belinda Mandelbaum

Clínica do trabalho
Soraya Rodrigues Martins

Transtornos de pânico
Luciana Oliveira dos Santos

Escritos metapsicológicos e clínicos
Ana Maria Sigal

Famílias monoparentais
Lisette Weissmann

Neurose e não neurose
Marion Minerbo

Amor e fidelidade
Gisela Haddad

Acontecimento e linguagem
Alcimar Alves de Souza Lima

Imitação
Paulo de Carvalho Ribeiro e colaboradores

O tempo, a escuta, o feminino
Silvia Leonor Alonso

Crise pseudoepiléptica
Berta Hoffmann Azevedo

Violência e masculinidade
Susana Muszkat

Entrevistas preliminares em psicanálise
Fernando Rocha

Ensaios psicanalíticos
Flávio Carvalho Ferraz

Adicções
Decio Gurfinkel

Incestualidade
Sonia Thorstensen

Saúde do trabalhador
Carla Júlia Segre Faiman

Transferência e contratransferência
Marion Minerbo

Idealcoolismo
Antonio Alves Xavier, Emir Tomazelli

Tortura
Maria Auxiliadora de Almeida Cunha Arantes

Ecos da clínica
Isabel Mainetti de Vilutis

Pós-análise
Yeda Alcide Saigh

Clínica do continente
Beatriz Chacur Mano

Inconsciente social
Carla Penna

Psicanálise e música
Maria de Fátima Vicente

Autorização e angústia de influência em Winnicott
Wilson Franco

Trabalho do negativo
Vera Lamanno-Adamo

Crítica à normalização da psicanálise
Mara Caffé

Sintoma
Maria Cristina Ocariz

Cidade e subjetividade
Flávio Carvalho Ferraz

A cena hospitalar: psicologia médica e psicanálise
Alfredo Simonetti

Fairbairn
Teo Weingrill Araujo

Orientação profissional
Maria Stella Sampaio Leite

Acompanhamento terapêutico
Maurício Porto

Ferenczi
Teresa Pinheiro

Psicanálise e educação
Maria Regina Maciel

Psicoterapia breve de casal
Mauro Hegenberg

Vertentes da psicanálise
Maria Laurinda Ribeiro de Souza

Sublimação e *unheimliche*
Alessandra Martins Parente

Neuroses atuais e patologias da atualidade
Paulo Ritter

Este livro foi composto com tipografia Freight Text Pro
e impresso em papel Pólen Natural 80g. na
Gráfica Viena Dezembro 2022